大学生职业发展与就业指导

张玉萍 李 婷 主编

DAXUESHENG
ZHIYE FAZHAN
YU
JIUYE ZHIDAO

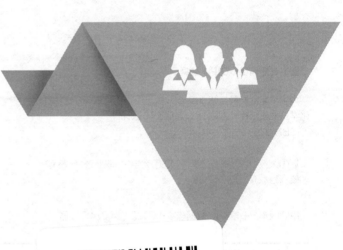

化学工业出版社

·北京·

内容简介

本教材根据教育部关于大学生职业发展与就业指导课程的要求编写，总结和吸纳了近年来国内外大学生职业发展与就业指导方面的最新成果以及教学实践经验。本教材共分为两个部分，职业发展部分主要包括五个项目：规划职业生涯，自我探索，职业探索，职业决策，以及确立与实现职业生涯目标；就业指导部分主要包括四个项目：大学生就业形势分析，准备求职材料，准备笔试、面试，以及就业权益与保护。秉持立德树人的理念，教材中融入课程思政元素，旨在引导大学生树立正确的就业观和劳动价值观，激励大学生树立家国情怀，努力建功立业。

本书可作为高校大学生职业发展与就业指导课程的教材。

图书在版编目（CIP）数据

大学生职业发展与就业指导 / 张玉萍，李婷主编. —北京：化学工业出版社，2022.8（2023.10重印）
ISBN 978-7-122-41347-5

Ⅰ.①大… Ⅱ.①张…②李… Ⅲ.①大学生-职业选择-高等学校-教材 Ⅳ.①G647.38

中国版本图书馆 CIP 数据核字（2022）第 074575 号

责任编辑：姚晓敏　马　波
责任校对：赵懿桐
装帧设计：史利平

出版发行：化学工业出版社
　　　　　（北京市东城区青年湖南街 13 号　邮政编码 100011）
印　　装：大厂聚鑫印刷有限责任公司
787mm×1092mm　1/16　印张 8½　字数 186 千字
2023 年 10 月北京第 1 版第 3 次印刷

购书咨询：010-64518888
售后服务：010-64518899
网　　址：http://www.cip.com.cn

凡购买本书，如有缺损质量问题，本社销售中心负责调换。

定　　价：34.00 元　　　　　　　　　　　　　　版权所有　违者必究

《大学生职业发展与就业指导》编委会名单

主　编：张玉萍　李　婷

副主编：张艺潇　邵明顺

参　编：高鹏超　王春香

前言

"生有涯而学无涯"是智慧,"学有涯而生无涯"是现实。大学生从迈入大学校园到临近毕业,学业总会阶段性地结束,而他们未来的人生之路还很长。从关注学业到试图关怀整个人生,是教育理念转变的结果。大学生职业发展与就业指导是通过开展一系列有组织、有计划的教育活动,使学生提升对自己、学业、职业的认识,掌握生涯规划的方法和技能,确保在关键时刻做出理性的选择并接受选择后的结果。

本教材根据教育部对大学生职业发展与就业指导课程大纲的基本要求编写,总结和吸纳了近年来国内外大学生职业发展与就业指导理论研究的最新成果以及教学实践经验。本教材以关注大学生个人成长、职业发展与职业成功为出发点,旨在帮助大学生将全面发展与个性发展的理念贯穿于生涯认知、生涯规划、生涯探索的过程之中,加深对自我和职业的认知,明确职业目标,理性地规划自身未来的发展,并努力在学习过程中自觉地提高职业素养、职业生涯管理能力和就业核心竞争力,从而顺利完成大学学业并成功就业,在职业生涯道路上进行有效的职业决策,以取得未来的职业成功和更好的人生发展。

全书在体系构建和内容安排上重点突出课程的实用性和可操作性,使大学生在学会一般方法的基础上,激发其职业生涯发展的自主意识。全书重视对大学生职业发展潜能的开发,关注大学生就业能力、职业能力和生涯管理能力的提升,以推动学生的全面发展和终身发展。在编写体例上,为便于读者学习、理解和应用,每章都给出了学习目标要求,根据内容需要设计了名言警句、引导案例、感悟与训练等内容;在内容的选择与安排上,力求贴近当前大学生实际,反映课程研究的最新成果,遵循大学生职业发展的基本过程。

本教材由张玉萍、李婷任主编。各项目撰写分工如下:项目一和项目五由张玉萍编写;项目三和项目四由李婷编写;项目二由张艺潇编写;项目六和项目七由邵明顺编写;项目八由高鹏超编写;项目九由王春香编写。

本教材在编写过程中参阅了一些专家、学者的相关书籍及网络资料,在此表示衷心的感谢!同时,由于编写时间仓促,书中难免有疏漏之处,诚望读者给予批评指正,不胜感激!

主编

目 录

1 项目一 规划职业生涯

任务一 ▶ 职业生涯规划概述 ——————— 2
 一、职业生涯规划的含义 ………………… 2
 二、职业生涯规划的特点 ………………… 4
 三、职业生涯规划的意义 ………………… 4
 四、职业生涯规划的内容与步骤 ………… 5

任务二 ▶ 认识职业生涯发展理论 ——————— 6
 一、帕森斯的特质因素理论 ……………… 6
 二、舒伯的生涯发展理论 ………………… 7
 三、克朗伯兹的社会学习理论 …………… 9
 四、职业锚理论 …………………………… 11

✻ 感悟与训练 ——————————————— 13

14 项目二 自我探索

任务一 ▶ 性格探索 ——————————— 14
 一、性格的含义 …………………………… 15
 二、性格与职业的关系 …………………… 15
 三、性格的类型与评定 …………………… 15
 四、16 种性格类型特征及适合的职业 …… 17

任务二 ▶ 兴趣探索 ——————————— 28
 一、兴趣的含义及特征 …………………… 29
 二、兴趣与生涯发展 ……………………… 30
 三、职业兴趣类型与职业的关系 ………… 30
 四、职业兴趣的评定方法 ………………… 33

任务三 ▶ 价值观探索 —————————— 38

　　　　一、价值观的含义 ……………………… 39
　　　　二、价值观与职业的关系 ……………… 39
　　　　三、职业价值观测试 …………………… 40
　　任务四 ▶ 能力探索 ——————————— 42
　　　　一、能力的含义及分类 ………………… 42
　　　　二、能力倾向的分类 …………………… 44
　　　　三、技能的分类 ………………………… 44
　　　　四、技能的识别方式 …………………… 47
　✖ 感悟与训练 ——————————————— 51

54　项目三　职业探索

　　任务一 ▶ 认识职业的含义与特征 ——— 54
　　　　一、职业的含义 ………………………… 55
　　　　二、职业的特征 ………………………… 55
　　　　三、社会劳动分工的三个层次 ………… 56
　　　　四、专业与职业的关系 ………………… 58
　　　　五、当代职业的发展趋势 ……………… 59
　　任务二 ▶ 了解职业资格制度 —————— 62
　　　　一、职业资格 …………………………… 62
　　　　二、职业资格的分类与等级 …………… 62
　✖ 感悟与训练 ——————————————— 63

65　项目四　职业决策

　　任务一 ▶ 了解职业决策 ————————— 66
　　　　一、职业决策的含义及类型 …………… 66
　　　　二、影响大学生职业决策的因素 ……… 67
　　任务二 ▶ 职业决策过程 ————————— 69
　　　　一、决策前的准备 ……………………… 69
　　　　二、决策的主要过程 …………………… 70
　　　　三、职业决策的主要方法 ………………71
　✖ 感悟与训练 ——————————————— 74

75　项目五　确立与实现职业生涯目标

- 任务一　认识职业生涯目标 —— 76
  - 一、职业生涯目标的含义 …………… 76
  - 二、职业生涯目标的内容结构 ………… 76
  - 三、大学生职业生涯目标缺失的表现 ‥ 77
- 任务二　确立职业生涯目标 —— 78
  - 一、职业目标确立的基本步骤 ………… 79
  - 二、职业目标确立的基本要求 ………… 80
  - 三、确立职业生涯目标的方法 ………… 81
  - 四、职业生涯发展路径的设计 ………… 82
- 任务三　设计与评估职业生涯规划 —— 83
  - 一、自我分析 …………………………… 83
  - 二、发展机会评估 ……………………… 83
  - 三、设定职业目标与路线 ……………… 84
  - 四、制定职业发展策略 ………………… 84
  - 五、反馈与修正职业规划 ……………… 85
- ✖ 感悟与训练 —— 89

90　项目六　大学生就业形势分析

- 任务一　了解当前大学生就业形势 —— 90
  - 一、毕业生规模再创新高，竞争激烈 … 91
  - 二、企业就业成为毕业生主要方向 …… 91
  - 三、"高期望""慢就业"加剧 ………… 91
  - 四、新领域新业态从业人数增多 ……… 91
  - 五、高校毕业生就业逐步向第三产业倾斜 …………………………………… 92
  - 六、"互联网+"就业模式尚需完善 … 92
- 任务二　影响就业形势的因素分析 —— 92
  - 一、国际国内经济形势瞬息多变，结构性矛盾对大学生就业产生影响 …… 92
  - 二、综合素养与社会需求的偏差 ……… 93
  - 三、毕业生自身错误就业观念带来的就业障碍 ………………………………… 93

任务三 ▶ 树立正确的就业观念 —— 93
一、树立家国情怀，努力建功立业 ········ 94
二、树立到基层就业的观念 ············· 94
三、树立先生存再发展的就业观 ······· 94
四、提高综合素质，培养良好的职业
道德 ································· 94

❈ 感悟与训练 ——————————— 94

96 | 项目七　准备求职材料

任务一 ▶ 求职信的撰写 ——————— 96
一、求职信的格式 ····················· 97
二、求职信的撰写要求 ··············· 98
三、求职信范例 ······················· 98

任务二 ▶ 简历的撰写 ——————— 100
一、简历的主要内容 ················· 100
二、简历的版式设计 ················· 102
三、求职信与简历的区别 ··········· 103
四、简历的主要形式 ················· 103
五、求职材料的投递 ················· 104

❈ 感悟与训练 ——————————— 106

107 | 项目八　准备笔试、面试

任务一 ▶ 笔试准备 ——————————— 108
一、笔试的种类 ······················· 108
二、笔试的准备技巧 ················· 109

任务二 ▶ 面试准备 ——————————— 109
一、面试的种类 ······················· 110
二、面试的内容与准备技巧 ········ 111

❈ 感悟与训练 ——————————— 114

项目九　就业权益与保护 — 115

任务一　了解就业中的权益与义务 — 116
一、就业的基本权益 …………… 116
二、就业的基本义务 …………… 117

任务二　签订就业协议书 — 118
一、就业协议书的作用和内容 ……… 118
二、就业协议书的签订 ……………… 118
三、签订就业协议书时应注意的事项 ………………………………… 119

任务三　订立劳动合同 — 121
一、劳动合同的主要作用 …………… 121
二、劳动合同的种类 ………………… 121
三、劳动合同的主要内容 …………… 121
四、劳动合同订立的原则 …………… 122
五、劳动合同的解除 ………………… 123
六、劳动合同的终止 ………………… 123
七、无效劳动合同 …………………… 124
八、就业协议书与劳动合同的异同 … 124

感悟与训练 — 125

参考文献 — 126

项目一

规划职业生涯

📚 名言警句

生涯规划就是帮助想走自己路的人,找到自己的路。

——金树人

📖 引导案例

小李的职业选择

毕业于某高职院校的小李向武汉一家汽车公司申请电气工程师的岗位。大学期间,他学的是电气专业,各科成绩也很优秀。毕业后的几年时间里,他从事过空调、汽车和医药等产品的销售主管工作,前后换了六七个工作,但是没有电气方面的工作经历。招聘者看了他的简历后认为,如果小李毕业后稳定从事过电气方面的工作,那么公司可以聘用他,起薪为5000元,但是由于小李没有这方面的工作经验,公司无法录用他。

由于没有长远打算,许多大学生对找工作很随意,到了三十多岁仍没有做好职业定位。此时,如果继续下去工作出路不大,而重新定位又要费很大力气,从而使自己陷入尴尬的境地。造成这种状况的原因,一是因为当前就业市场上一些人急功近利、心态浮躁,什么挣钱就做什么;另一方面是因为许多大学生因就业压力大而随遇而安,找着什么工作就干什么工作。因此,大学生应当尽量克服各种压力带来的短期心态,将现实环境和长远规划相结合,对自己的职业生涯做一个清晰的定位,这是进入社会之前不可缺少的一步。

职业生涯规划的目的绝不仅是帮助个人按照自己的资历条件找到一份合适的工作,达到与实现个人目标,更重要的是帮助个人真正了解自己,为自己定下事业大计,筹划未来,实现人生价值。

✈ 教学目标

学习职业规划的相关理论,了解职业规划的内容。激发大学生职业发展的自主意识,树立正确的职业观,追求有意义的人生。

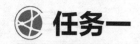

任务一

职业生涯规划概述

职业生涯是一个人长期的发展过程，在不同的发展阶段，个人有着不同的职业需求和个人追求。对于大学生而言，在大学中有许多需要学习和发展的内容，其中最为重要的一项是开始个人的职业规划。斯坦福大学的首任校长乔丹曾在开学典礼上这样对学生讲："生活归根到底是指向实用的，你们到此应该是为了给自己谋求一个有用的职业，这必须包含着创新、进取的愿望，良好的设计和最终使之实现的努力。"今天，越来越多的谋职者开始意识到职业规划举足轻重的作用，规划自己的职业前程，使职业成为有计划、有目的、有现实打算和未来发展方向的事业。职业生涯规划已经成为大学生实现个人人生目标的重要途径。

一、职业生涯规划的含义

生涯一词的英文是 career，意思是指两轮马车，引申为道路，也就是人生的发展道路。著名生涯发展大师舒伯认为：所谓生涯是指一个人在一生中所扮演的角色及结果，这些角色包括儿女、学生、休闲者、公民、工作者、配偶、家管人员、父母及退休者九项；而九个角色在四个主要场所——家庭、小区、学校及工作场所中进行扮演。一个人在一生中所扮演的诸多角色，就如同一条彩虹同时具有许多色带。简单地说，生涯是从我们出生到年岁终止的一段过程，其中有我们过去的生活方式，也有我们就业的形态，还有我们检视过去、策划未来的部分，这些点点滴滴就连缀成我们的生涯。

从个人的角度来看，职业是指个人在生涯中扮演的一系列工作角色。职业生涯，简单地说，就是指个人职业的发展道路，包括就业的形态、工作的经历以及与职业相关的活动等，指的是一个人从职业学习开始到职业劳动最后结束的经历过程。

在职业心理学领域里，"职业生涯"这一概念有两种经典定义：舒伯认为，人的一生所经历的职业及非职业活动都应视为职业生涯的内容，职业生涯除了职业角色外还包括各种生活角色；霍尔主张，职业生涯只包括一个人一生中与其职业相关的活动与经验。前一种是广义的定义，在时间范围上与生涯的概念等同；后一种是狭义的定义，认为职业生涯仅从任职前的职业学习和培训开始至退休结束。但无论哪种定义，都淡化了职业作为谋生手段的作用，而指向个人生命的意义。在这里，职业更是实现个人价值、追求理想生活的重要途径。

在一个人有限的生命中，职业生涯往往占有绝对重要的位置。从走上职业岗位前的学习和教育到离职退休，职业生涯活动伴随着绝大部分人的大半生时间，也左右着个人的生活质量和生命价值。因此，拥有成功的职业生涯，才可能实现完美的人生。

职业生涯规划，又叫职业生涯设计，是指个人与组织相结合，在对一个人职业生涯的主客观条件进行测定、分析、总结的基础上，对自己的兴趣、爱好、能力和特点进行综合分析与权衡，结合时代特点，根据自己的职业倾向，确定其最佳的职业奋斗目标，并为实现这一目标做出行之有效的安排。职业生涯规划的目的绝不仅是帮助个人按照自己的资历条件找到一份合适的工作，达到与实现个人目标，更重要的是帮助个人真正了解自己，为自己定下事业大计，筹划未来，拟定一生的发展方向，根据主客观条件设计出合理且可行的职业生涯发展方向。职业生涯活动将伴随我们的大半生。

为了更好地理解职业生涯的实质，我们还要了解外职业生涯和内职业生涯这两个重要概念。

（1）外职业生涯　外职业生涯是指从事职业时的工作单位、工作地点、工作时间、工作内容、工作职务、工作环境、工资待遇等因素的组合及其变化过程。外职业生涯的构成因素通常是由别人给予的，也容易被别人收回。有的人一生疲于追求外职业生涯的成功，但内心极为痛苦，因为他们往往不了解，外职业生涯的发展是以内职业生涯发展为基础的。

（2）内职业生涯　内职业生涯是指从事一项职业时所具备的知识、观念、心理素质、经验、能力、内心感受等因素的组合及其变化过程。内职业生涯各项因素的取得，可以通过别人的帮助而实现，但主要还是由自己努力追求而得以实现。内职业生涯的各构成因素与外职业生涯的构成因素不同，内职业生涯各因素一旦获得，别人便不能收回或剥夺，也不因外职业生涯因素的改变而丧失。

内职业生涯的发展是外职业生涯发展的前提，内职业生涯的发展带动外职业生涯的发展，它对人的职业生涯成功乃至人生成功都起到关键性作用。因而在职业生涯的各个阶段，我们都应重视内职业生涯的发展。尤其是在职业生涯早期和中前期，我们一定要把对内职业生涯各因素的追求看得比外职业生涯更为重要。

职业生涯规划按照规划的时间维度，可以分为短期规划、中期规划、长期规划和人生规划四种类型。

（1）短期规划　3年以内的规划，确定近期目标。短期目标设立一般是素质能力的提高，或者用证书或考试的方式获得。

（2）中期规划　一般涉及3~5年内的职业目标和任务，是最常用的一种职业规划。例如：3年后要成为部门经理，完成相应的业绩，以及为实现此目标而参加培训等可采取的具体措施。

（3）长期规划　5~10年的规划，主要是设定较长远的目标。

（4）人生规划　整个职业的规划，时间长至40年左右，主要设定整个人生的发展目标和阶梯。

在实际操作中，由于环境和个人的变化难以把握，要确立既便于实施，又便于随时修正和调整的目标。长期目标是职业生涯的方向，短期目标是职业生涯的路径。

课堂活动

我的生命线

请在白纸上画一条直线，这条直线的长度代表了你的生命的长度。思考一下，你期待自己活到多少岁？将直线的一端视为你生命的开始，另一端写上你期待可以活到的年龄。

在这条生命线中找到你现在的年龄点，并标记出来，写下现在的年龄。

回顾你过往生命历程中发生的重大事件，在直线上方写出两到三件对你有积极影响的事件，并在直线相应位置上标明年龄和关键词，在直线下方写出两到三件对你有消极影响的事件，并在直线相应位置上标明年龄和关键词。

生涯是一个动态的过程，分析过去所发生的事情对于现在和未来的影响，看看它们是如何使你成为今天的你。

二、职业生涯规划的特点

1. 独特性
每个人都有自己的职业条件，有自己的职业理想，有自己的职业选择，有为实现自己的职业理想所作的种种努力，从而有着与别人相区别的、独特的生涯历程。

2. 发展性
每个人的职业生涯，都是一种发展、演进的动态过程。就整体而言，职业生涯是一个具有一定逻辑性的过程。

3. 阶段性
每个人的职业生涯发展过程，都有着不同的阶段，可以分为不同的时期。人在不同的生涯阶段有着不同的目标和任务，职业生涯各个阶段之间具有递进性。

4. 终生性
每个人的职业生涯作为一种动态发展的历程，是根据个人在不同阶段的企求而不断蜕变与成长，直至终身。"老骥伏枥，志在千里"，正反映了人到晚年在职业生涯方面的英雄气概。

5. 整合性
由于个人所从事的工作或职业往往会决定他的生活状态，而且职业与生活两者之间又很难区别，因此，职业生涯应具有整合性，涵盖人生整体发展的各个层面，而非仅仅局限于工作或职位。

6. 互动性
人的职业生涯是个人与他人、个人与环境、个人与社会互动的结果。人的自我观念，人的主观能动性，个人所掌握的社会职业信息，所掌握的职业决策技术，对于其职业生涯有着重要的影响。

三、职业生涯规划的意义

1. 职业生涯规划可以发掘自我潜能，增强个人实力
一是引导正确认识自身的个性特质、现有与潜在的资源优势，帮助重新对自己的价值进行定位并使其持续增值；二是引导对自己的综合优势与劣势进行对比分析，引导树立明确的职业发展目标与职业理想；三是引导评估个人目标与现实之间的差距；四是引导前瞻与实际相结合的职业定位，搜索或发现新的或有潜力的职业机会；五是引导学会如何运用科学的方法采取可行的步骤与措施，不断增强职业竞争力，实现自己的职业目标与理想。

2. 职业生涯规划可以增强发展的目的性与计划性，提升成功的机会
生涯发展要有计划、有目的，不可盲目地"撞大运"，很多时候我们的职业生涯受挫就

是由于生涯规划没有做好。好的计划是成功的开始，"凡事预则立，不预则废"就是这个道理。

大学生职业规划有利于实现人生策划的最佳定位。大学生职业规划包括知己、知彼、抉择、目标和行动五要素。其中，知己、知彼是抉择、目标、行动的基础。知己是对自己的了解，包括个人的兴趣、能力、价值观、个性以及家庭、学校和社会教育对个人产生的影响。职业规划的重要前提是认识自我，只有认识自我、了解自我，才能有针对性地明确职业方向，而不是盲目化。认识自我是对自我深层次的解剖，了解自己能力的大小，明确自己的优势和劣势，根据过去的经验和经历，选择、推断未来可能的工作方向，从而彻底解决"我想干什么"和"我能干什么"的问题。一些单位组织招聘时很注重考察应聘者对自己是否有深刻的自我认识，要求应聘者说明自己的优缺点、兴趣、爱好和最值得列举的经历等。这就要求我们要找出自己与众不同的地方并保持下去，形成鲜明的自我定位，让自己的才华更好地为招聘单位所认可。自我认识一定要全面、客观、深刻，绝不可回避缺点和短处。知彼是探索外在的世界，包括行业的特征、所需的能力、就业渠道、工作内容、工作发展前景、行业的薪资待遇等。知己是了解自己本身的特征，知彼是了解工作舞台的特征，这两者有密切的关系，俗话说，"知己知彼，百战不殆"，职业规划的主要任务就是使自我分析与职业分析达到平衡。

3. 职业生涯规划可以提升应对竞争的能力

当今社会处在变革的时代，到处充满着激烈的竞争。要想在这场激烈的竞争中脱颖而出并立于不败之地，必须设计好自己的职业规划，这样才能做到心中有数，不打无准备之仗。而不少应届大学毕业生不是首先坐下来做好自己的职业规划，而是拿着简历与求职书到处乱跑，总想会撞到好运气，找到好工作，结果是浪费了大量的时间、精力和资金，到头来感叹招聘单位没有"慧眼识英雄"，叹息自己"英雄无用武之地"。这部分大学毕业生没有充分认识到职业规划的意义与重要性，认为找到理想工作的条件是学识、业绩、耐心、关系和口才等，认为职业规划纯属纸上谈兵，简直是耽误时间，有那时间还不如多跑两家招聘单位。这是一种错误的观念。未雨绸缪，先做好职业规划，有了清晰的认识与明确的目标之后再把求职活动付诸实践，这样的效果要好得多，也更经济、更科学。

4. 大学生职业生涯规划有助于全面提高大学生综合素质

大学生在校期间的学习目标会不同程度地存在着盲目性，从而导致学习缺乏动力、涉猎的知识结构失衡、适应社会的能力弱化。通过职业规划，对未来可能从事的职业类型和具体的职业特点进行分析，可以使大学生在校的学习和综合能力的培养具有明确的目的，意识到学习的社会意义，增强学习的动力和吃苦耐劳的精神。职业规划中的具体措施和安排，有助于大学生在生活中学会做人、学会求知、学会做事，不断鞭策自己，督促自我掌握职业技能，为将来顺利择业、就业奠定基础。

四、职业生涯规划的内容与步骤

一个系统的职业生涯规划应当包括觉知与承诺、认识自己、认识工作世界、决策、行动和再评估/成长六个步骤。

第一步：觉知与承诺。在这个阶段，意识到生涯规划的重要性，并愿意花时间来规划自己的生涯，同时也要清醒地认识到，生涯规划是一个过程，未必马上就能达到预想的效果。因此，在长期的追寻摸索过程中，必须给自己一个承诺：为了自己的幸福，会全力以赴，但若一时不如人愿，也不能放弃。在这过程中，需要有决心与毅力，对规划有着合理的预期。

第二步：认识自己。生涯规划是一个"从内而外"的过程，必须在充分且正确地认识自身的条件基础上才能进行，因此需要审视自己、认识自己、了解自己，并做自我评估。自我评估的内容包括：我的兴趣是什么？我的性格有哪些特点？我拥有及愿意使用哪些技能？我最渴望从中获得什么？几个方面是如何有效整合的？

第三步：认识工作世界。除了要有清楚的自我认识外，对工作世界的认识也是规划过程中信息探索的重要组成部分。具体要了解工作世界：职业的分类和内容、具体职业对工作人员的要求、教育方面的选择、获取以上信息的方法，等等。

第四步：决策。在了解自我、认识工作世界后，要整合各种因素，并评估其可行性，在修订方向后，定出一个具体可行的目标和方案。这个过程是决定生涯规划的过程。

第五步：行动。全部的探索和思考完成之后，便需要将具体的思考予以落实。对于学生来说，行动阶段通常需要通过大量的社会活动、校园活动、求职准备、求职技能培养等途径来实现自己设立的目标。也许我们行动的过程中，会对自我有了新的认识、生涯发展有了新的思考。但无论如何，都不要停止自己探索、尝试的步伐，也不要忽略这些部分带给你的新启示。在行动中积累自己的资源，是行动阶段的重点。

第六步：再评估/成长。职业生涯规划的最后一步，是评估目标执行的效果。影响生涯的因素诸多，有些变化因素是可以预测的，有些难以预测。在这种情况下，要使自己的职业生涯规划行之有效，就必须不断地对职业生涯规划进行评估与再修订，修订内容可能包括目标的修正、实施措施与计划的变更等。因此，我们需要用发展的观念来看待生涯规划，时刻为生涯规划的变化而做好准备。

认识职业生涯发展理论

自 20 世纪初美国兴起职业指导运动以来，先后出现了一系列有关职业生涯规划的理论模型，为个人做出有关职业和生活的正确决定提供了支持。各种理论试图通过不同的途径来揭示个人在社会角色和生涯方面的问题。在这里，主要介绍对职业生涯规划探索和实践具有较大影响的四个理论。

一、帕森斯的特质因素理论

特质因素理论又称帕森斯的人职匹配理论，是最早的职业指导理论，也是用于职业选择与职业指导的经典理论，1909 年由美国波士顿大学弗兰克·帕森斯教授提出。该理论的基本假设是：个人和职业都有稳定的特征，而适当的职业选择就是要在这二者之间进行匹配。所谓"特质"，就是指个人的人格特征，包括能力倾向、兴趣、价值观和人格等，这些都可以通过心理测量工具加以评估。所谓"因素",则是指在工作上要取得成功必须具备的条件或资格,这可以通过对工作的分析而了解到。

根据特质因素理论,在个人职业生涯规划过程中,我们可以通过以下三个具体步骤进行职业选择。

第一步是全面了解个人的生理和心理特点。个体差异普遍存在,每一种职业对工作者的能力、性格、气质等都有不同要求。通过心理测量及其他测评手段,掌握个人的身体状况、兴趣爱好、气质与性格、能力倾向等方面的资料,并对这些资料进行评价。

第二步是分析各种职业对人的要求。每种职业的性质、环境、条件不同,例如身体要求、年龄要求、学历要求,所需的专业技能以及其他心理特点的要求,就业机会,等等。个人进行职业选择时,要根据自己的个性特征来选择与之相对应的职业种类,即实现人职匹配。

第三步是人职匹配。在了解个人特性和职业的各项指标的基础上进行比较分析,选择一种适合个人特点又最有可能取得成功的职业。人职匹配的实现,意味着个人的特征与职业环境取得了高度的一致,工作效率和职业成功的可能性也大为提高。反之,工作效率和职业成功的可能性会降低。

帕森斯认为,只有实现了人职匹配,个人才能适应工作,并且使个人和社会同时得益。因而,我们进行职业选择时,应尽可能详细地掌握个人特质和职业特点,然后进行全面、深刻地分析,区分持久的与暂时的、关键的与次要的特质和因素。这样,我们才能最大限度地发挥特质因素理论在职业生涯规划中的作用。

二、舒伯的生涯发展理论

舒伯从人终身发展的角度出发,根据自己"生涯发展形态"的研究结果,并参照布尔赫勒的生命周期理论,发展出一个生涯发展概念模式。

1. 生涯发展阶段

舒伯依据年龄将个体生涯阶段划分为成长、探索、建立、维持与衰退五个阶段,在每一阶段都有一些特定的发展任务需要完成,具体分析如下。

(1) 成长阶段(0~14岁) 该阶段的孩童开始发展自我概念,开始以各种不同的方式来表达自己的需要,且经过对现实世界不断地尝试,来修饰他自己的角色。这个阶段发展的任务是发展自我形象,发展对工作世界的正确态度,了解工作的意义。这个阶段包括三个时期:一是幻想期(0~10岁),以"需要"为主要考虑因素,在这个时期幻想中的角色扮演很重要;二是兴趣期(11~12岁),以"个人喜好"为主要考虑因素;三是能力期(13~14岁),以"能力"为主要考虑因素,能力逐渐具有重要作用。

(2) 探索阶段(15~24岁) 该阶段的青少年,通过学校的活动、社团休闲活动、打零工等机会,对自我能力及角色、职业作了一番探索,因此在进行职业选择时有较大弹性。探索阶段属于打基础学习阶段,在这一时期,个人将认真地探索各种可能的职业选择,对自己的天资和能力进行现实性评价,并根据未来的职业选择做出相应的教育决策,完成几次择业和初就业。具体又可分为三个时期:试验期(15~17岁),综合认识和考虑自己的兴趣、能力与职业社会价值、就业机会,开始进行择业尝试;过渡期(18~21岁),正式进入劳动力市场，或者进行专门的职业培训，由一般性的职业选择转为特定目标的选择；尝试期（22～24岁），选定工作领域，开始从事某种职业，对职业发展目标的可行性进行试验。

(3) 建立阶段（25～44岁）　属于选择、安置阶段。在这一时期，经过早期的试探与尝试后，最终确立稳定职业，并谋求发展，获得晋升。这一阶段是大多数人职业生涯周期中的核心部分，是整个人生的高产期，一般又分为三个时期。尝试期（25～30岁），对初就业选定的职业不满意，再选择、变换职业工作。变换次数各不相同，也可能对初选职业较为满意而无变换。稳定期（31～44岁），最终确定稳定的职业目标，并致力于实现这些目标。转折期（30～40岁），处于职业中期的危机阶段。可能会发现自己并没有朝着目标靠近或发现了新的目标，因而需要重新评价自己的需求和目标。

(4) 维持阶段（45～64岁）　属于升迁和专精阶段。在这一阶段，劳动者一般达到常言所说的"功成名就"，已不再考虑变换职业工作，只力求维持已取得的成就和社会地位。

(5) 衰退阶段（65岁以上）　属于退休阶段。在家庭上投入相当多的时间，休闲者和家长的角色最为突出，这一阶段的主要任务是注重发展新的角色，寻求不同方式以替代和满足需求。

2. 循环式发展任务

在以后的研究中，舒伯对于发展阶段的理论又进行了深化。他认为，在各个发展阶段中都要经历成长、探索、建立、维持和衰退这些阶段，这样就形成了一种螺旋循环发展的模式。这种大阶段套小阶段的模型丰富和深化了生涯发展阶段的内涵。各阶段中的子阶段发展任务详见表1-1。

表1-1　循环式发展任务表

生涯阶段 \ 年龄段	青年期14～25岁	成年初期25～45岁	成年中期45～65岁	成年晚期65岁以上
成长期	发展合适的自我概念	学习与他人建立关系	接受自身的限制	发展非职业性的角色
探索期	从许多机会中学习	寻找心仪的工作机会	确认有待处理的新问题	选个良好的养老地点
建立期	在选定的职业领域中起步	确定投入某一工作，并寻求职位上的升迁	发展新的应对技能	完成未完成的梦想
维持期	验证目前的职业选择	致力于维持职位的稳固	巩固自我以对抗竞争	维持生活的兴趣
衰退期	从事休闲活动的时间减少	减少体能活动的时间	集中精力于主要的活动	减少工作时间

根据上述循环式发展任务，在大学阶段，大学一年级的新生必须适应新的角色与学习环境，经过"成长"和"探索"，一旦"建立"了较固定的适应模式，同时"维持"大学学习生活之后，又要开始面对另一个阶段——准备求职。原有的已经适应了的习惯会逐渐衰退，继而对新阶段的任务又要进行"成长""探索""确立""维持"与"衰退"，如此周而复始。

3. 生涯彩虹图

20世纪80年代，为了综合阐述生涯发展阶段与角色彼此间的相互影响，舒伯创造性地描绘出一个多重角色生涯发展的综合图形——生涯彩虹图（图1-1），形象地展现了生涯发展的时空关系，更好地诠释了生涯的定义。

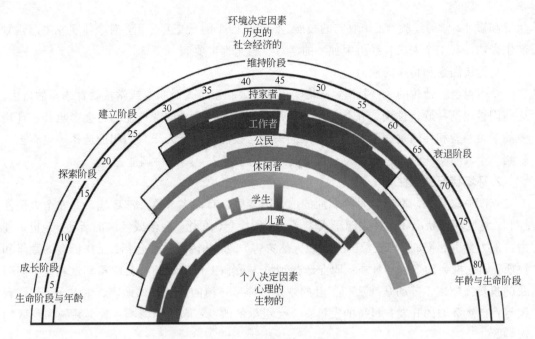

图1-1 舒伯的生涯彩虹图

在生涯彩虹图中，最外的层面代表横跨一生的"生活广度"，又称为"大周期"，包括成长期、探索期、建立期、维持期和衰退期。里面的各层面代表纵观上下的"生活空间"，由一组角色和职位组成，包括儿童、学生、休闲者、公民、工作者、持家者等主要角色。各种角色之间是相互作用的，一个角色的成功，特别是早期角色的成功，将会为其他角色提供良好的基础；反之，某一个角色的失败，也可能导致另一个角色的失败。舒伯进一步指出，为了某一角色的成功付出太大的代价，也有可能导致其他角色的失败。

彩虹图中的阴影部分表示角色的相互替换、盛衰消长。它除了受到年龄增长和社会对个人发展、任务期待的影响外，往往跟个人在各个角色上所花的时间和感情投入的程度有关。从这个彩虹图的阴影比例中可以看出，成长阶段（0~14岁）最显著的角色是儿童；探索阶段（15~24岁）是学生；建立阶段（30岁左右）是持家者和工作者；维持阶段（45岁左右）工作者的角色突然中断，又恢复了学生角色，同时公民与休闲者的角色逐渐增加，这正如一般所说的"中年危机"的出现，同时暗示这时必须再学习、再调适才有可能处理好职业与家庭生活中所面临的问题。

舒伯的职业生涯发展阶段理论较为全面完整，阐释了将个人特征与职业匹配的动态过程，并将制约个人职业选择和发展的心理因素、社会因素有机地结合在一起，对职业生涯发展的研究具有较高的理论价值和实践价值。

三、克朗伯兹的社会学习理论

克朗伯兹的社会学习理论兼顾心理与社会的作用，认为二者对个人生涯选择均有影响。二十世纪六七十年代，克朗伯兹和同事们一起对高中学生作了一连串的研究，并于1979年推出《社会学习理论和生涯决定》一书。克朗伯兹认为，个体职业生涯发展的根本选择是由内在的因素和社会环境因素共同决定，包含四个主要因素：遗传因素和特殊的能力、环境状况和事件、学习经验、工作取向的技能。同时这四个因素交互作用，对个体职业生涯规划产生影响，其中个人成长经历中独特的学习经验尤为重要。

1. 遗传因素和特殊的能力

个人得自于遗传的一些特质，在某些程度上限制了个人对职业或学校教育选择的自由。这些因素包括种族、性别、外在的仪表和特征等。某些个人的特殊能力也会影响其在环境中的学习经验和伴随这些学习经验而来的兴趣与技能，对个人未来的职业选择等也有较大影响。个人的特殊能力包括智力、音乐能力、美术能力、动作协调能力等。

2. 环境状况和事件

克朗伯兹认为，影响教育和职业的选择因素中，有许多来自外部环境，并非个人所能控制。这些环境状况和事件来源于人类活动（如社会、文化、政治或经济的活动），也可能由自然力量引起（如自然资源的分布或天然灾害）。这些因素具体包括：工作机会的数量和性质；训练机会的多寡和性质；职业选择训练人员和工作人员的社会政策和过程；不同职业的投资报酬率；劳动基准法和工会的规定；物理环境的影响，如地震、洪水、干旱、台风等；自然资源的开发；科技的发展；社会组织的改变；家庭的影响；教育系统和社区的影响。

3. 学习经验

克朗伯兹认为，每个人独特的学习经验，在决定其生涯路径时扮演重要的角色。日常生活中，个体受到刺激与强化的类型、性质以及两者配合出现的时机常常错综复杂，因而没有一个理论能够很好地解释这些不定的变量究竟是如何影响个人生涯偏好和生涯技能发展，又是如何影响生涯选择。以下的两种学习经验是克朗伯兹社会学习理论中最简约的形式，可用来说明学习经验对生涯决定的影响。

（1）工具式学习经验　工具式学习经验的获得，与学习心理学中工具制约学习的过程有类似之处。工具式学习经验主要有三部分内容，它们分别是：①前因，"前因"包括了我们前面提到的各种环境状况和事件，以及个人在生活中遇到的刺激（即工作或问题）。②内隐与外显的行为，"行为"包括内在的认知和情绪反应，以及外在的行动。③后果，"后果"包含了直接由行动所造成的影响，以及当个体体验到这些后果时的认知与情感反应。克朗伯兹的社会学习理论认为，凡是成功的生涯计划、生涯发展和职业或教育表现所需的技能，均能够通过连续的工具式学习经验而获得。

（2）联结式学习经验　联结式学习经验是指某些环境的刺激会引起个人情绪上积极或消极的反应。如果原来属于中性的刺激与社会上使个体产生积极或消极情绪反应的刺激同时出现，这种伴随在一起的联结关系，会使中性的刺激也具有积极或消极的情绪作用。克朗伯兹指出，我们对于职业的刻板化印象，诸如"职业经理人都是有钱人""军人和教师都是清苦的"等，都是通过这种联结学习的经验而习得的。在个体成长过程中，这种联结学习的经验也许一生都难以改变，对其生涯的选择也有着深远的影响。

4. 工作取向的技能

个体内在的遗传因素和特殊能力、外在社会上各种影响因素以及不同的学习经验等，会以一种交互影响的方式使个人形成特有的职业技能取向，如：解决问题的能力、职业价值观、情绪认知等。

四、职业锚理论

职业锚是由美国著名职业心理学家埃德加·施恩教授提出的。他认为，职业生涯发展实际是一个持续不断的探索过程，随着一个人对自己越来越了解，这个人就会越来越明显地形成一个占主导地位的职业锚。

施恩认为，职业锚是指一个人不得不做出职业选择的时候，不会放弃的职业中的那种至关重要的态度和价值观。锚是指抛到水底可以使船停稳的器具，职业锚则又有职业稳定、定位等含义。在职业心理学中，职业锚实际上就是人们选择和发展自己的职业时所围绕的自己确定的中心。一个人对自己的天资和能力、动机和需要以及态度和价值观有了清楚的了解之后，就会意识到自己的职业锚到底是什么。当他们不得不作出某种重大选择的时候，职业锚才会显露出来。比如，到底是接受公司将自己晋升到总部的决定，还是辞去现职，转而开办和经营自己的公司？正是在这一关口，一个人过去的所有工作经历、兴趣、资质、潜能等才会集合成一个富有意义的职业锚。

1. 职业锚的类型

施恩根据自己对麻省理工学院毕业生的研究，提出了以下五种职业锚：技术职能型、管理能力型、安全稳定型、自主独立型和创造型。不同类型的职业锚，也就是不同类型的自我概念模式。

（1）**技术职能型** 技术职能型的人愿意在专业领域里发展，追求在技术或职能领域的成长和技能的不断提高，以及应用这种技术或职能的机会。他们往往不喜欢从事一般的管理性质的工作，因为这将意味着他们放弃在技术或职能领域的成就。在我国，过去经常将技术拔尖的科技人员提拔到领导岗位，但他们本人往往并不喜欢这个工作，而是更希望在自己的专业里继续研究。

（2）**管理能力型** 管理能力型的人有强烈的愿望去做管理人员，同时经验也告诉他们，自己有能力达到高层领导职位。他们倾心于全面管理，追求权力；具有强烈的升迁动机和价值观，追求并致力于职位、收入的提升；善于与人沟通；具有较强的分析能力和领导、操纵、控制他人的能力；对组织有很大的依赖性。

（3）**安全稳定型** 安全稳定型的人最关心的是职业的长期稳定性与安全性。他们为了安定的工作、可观的收入、优越的福利与养老制度等付出努力。对他们来说，一份安全稳定的职业、一笔体面的收入、优越的福利与良好的退休保障是至关重要的。尽管有时他们能达到一个较高的职位，但他们并不关心具体的职位和具体的工作内容。

（4）**自主独立型** 自主独立型的人更喜欢独来独往，希望随心所欲地安排自己的工作方式、工作习惯和生活方式。追求能施展个人能力的工作环境，最大限度地摆脱限制和制约。他们宁可放弃提升或工作扩展机会，也不愿意放弃自由与独立。很多有这种职业向往的人同时也有相当高的技术型职业定位。但是他们不同于那些单纯技术型定位的人，他们并不愿意在组织中发展，而是宁愿做一名咨询人员，或是独立从业，或是与他人合伙开业。其他自主独立型的人往往会成为自由撰稿人，或是开一家小零售店。

（5）**创造型** 创造型的人需要建立完全属于自己的东西，或是以自己名字命名的产品或工艺，或是自己的公司，或是能反映个人成就的私人财产。他们认为只有这些实实在在的事物才能体现自己的才干。他们具有强烈的创造需求和欲望，意志坚定，勇于冒险。

上述五种职业锚之间可能存在着交叉，但是，每一种都有一个最突出、最强烈、最易识别的特性。由于职业锚是个人和工作情境之间相互作用的产物，职业锚不可能像职业性向那样通过各种测评来预测，而必须经过若干年的实际工作的内化沉淀才能被发现。

2. 职业锚的功能和应用意义

职业锚在员工的工作生命周期中、在组织的事业发展过程中，发挥着重要的功能作用。

（1）使组织获得正确的反馈 职业锚是员工经过搜索确定的长期职业贡献区或职业定位。这一搜索定位过程，依循员工的需要、动机和价值观进行，所以职业锚清楚地反映出员工职业追求与抱负。

（2）为员工设置可行有效的职业渠道 职业锚准确地反映员工职业需要及其所追求的职业工作环境，反映员工的价值观和抱负。透过职业锚，组织获得员工正确信息的反馈，组织才可能有针对性地对员工职业发展设置可行的、有效的、顺畅的职业渠道。

（3）增长员工工作经验 职业锚是员工职业工作的定位，不但能使员工在长期从事某项职业中增长工作经验，同时，员工职业技能也能不断增强，直接产生提高工作效率或劳动生产率的明显效益。

（4）为员工做好奠定中后期工作的基础 之所以说职业锚是中后期职业工作的基础，是因为职业锚是员工通过工作经验的积累后产生的，它反映了该员工价值观和被发现的才干。当员工抛锚于某一种职业工作过程，就是自我认知过程，就是把职业工作与自我观相结合的过程，开始决定成年期的主要生活和职业选择。

经过近30年的发展，职业锚已成为许多个人职业生涯规划的必选工具和公司人力资源管理的重要工具。个人在进行职业规划和定位时，可以运用职业锚思考自己具有的能力，确定自己的发展方向，审视自己的价值观是否与当前的工作相匹配。只有个人的定位和从事的职业相匹配，才能在工作中发挥自己的长处，实现自己的价值。尝试各种具有挑战性的工作，在不同的专业和领域中进行工作轮换，对自己的资质、能力、偏好进行客观的评价，是使个人的职业锚具体化的有效途径。对于企业而言，通过雇员在不同的工作岗位之间的轮换，了解雇员的职业兴趣爱好、技能和价值观，将他们放到最合适的职业轨道上去，可以实现企业和个人发展的双赢。

案例研究

日本丰田公司的职业锚

日本丰田公司在运用员工的职业锚方面给了我们有益的借鉴。对于岗位一线工人，丰田公司采用工作轮调的方式来培养和训练多功能作业员，这样既提高了工人的全面操作能力，又使一些生产骨干的经验得以传授。员工还能在此过程中发现自己的优势在哪里，从而进行准确定位，找到真正适合自己的岗位。一旦员工确立了自己的职业锚，工作起来将会更具积极性和主动性，效率将会有很大提高。

丰田采取 5 年调换一次工作的方式对各级管理人员进行重点培养。每年 1 月 1 日进行组织变更，一般以本单位相关部门为调换目标，调换幅度在 5% 左右。短期来看，转岗需要有熟悉操作的适应过程，可能导致生产效率的降低，但对企业长久发展来看则是利大于弊。经常的有序换岗还能给员工带来适度的压力，促使员工不断学习，使企业始终保持一种生机勃勃的氛围。

感悟与训练

一、我的地盘我做主——团队建设

采用报数分组法，每个队 5 / 7 / 9 人，选出队长、记录员、发言人等角色。组内成员分享以下信息：姓名、个人特质及优劣势。讨论并记录以下信息。

组名：

标志：

口号：

我想通过课程学习收获：

我们准备付出：

二、我为什么要上大学？

1.
2.
3.

三、我未来的路在何方？

1. 我要去哪里？

2. 为什么我会选择去那里？

3. 我怎么去？

项目二

自我探索

名言警句

知人者智，自知者明。

——老子

引导案例

职业选择的困惑

开学后，小雯就该上大学二年级了。她感觉天天都很忙碌，上课、听讲座、参加社团活动、和同学逛街……但她不知道自己在忙些什么，有时候感觉很茫然，甚至有点沮丧，因为忙得无头绪，不知道这样的付出对未来的发展有没有作用。

在校大学生中，常见的困惑是不知道自己能干什么？想干什么？适合干什么？社会需要什么样的人？自己所学专业未来的发展状况？到哪里找工作？现在该做些什么？产生这些困惑的根本原因在于对自己缺乏认知，对于未来从事什么职业缺少思考。上了大学后，由于缺乏准备和思考，难以在短时间内确定一个自己内心高度认同的职业目标。解决以上困惑的办法就是通过职业生涯规划，确立自己的职业生涯目标。

教学目标

掌握性格、兴趣、能力以及价值观的探索方法，思考它们对职业发展的影响，积极进行自我探索。

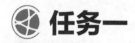

性格探索

有效的职业生涯规划需要对自己及环境有充分且足够的了解，只有先了解自己，才能确定适合自己的生涯发展目标，而自我探索是实现自我了解的必经之路。任务一主要介绍性格的类型与评定,并主要从兴趣、能力、气质、性格、价值观等方面探索自我和职业之间的关系。

一、性格的含义

性格也称为人格特质,是一个人在生活中对人、对事、对自己、对外在环境所表现出的一致性反应方式。美国著名职业生涯指导专家约翰·霍兰德认为:性格是兴趣、价值观、需要、技能、信念、态度和学习风格的综合体;职业选择是性格的一种表现,是个人性格的反映和延伸。

二、性格与职业的关系

性格和职业的最佳匹配使得我们成为更有效的工作者,因此我们可以每天都去工作并且喜欢我们所做的事情。在我们的周围,同一职业类型或团体中往往聚集着人格相似的工作者,比如销售行业的人大多数都性格外向、会计行业的人比较细心、教师善于关心爱护他人、从政的人手腕比较强硬且执行力强。如果一个人所从事的职业与其人格类型是匹配的,则他工作起来就轻松愉快、得心应手、富有成就,反之则会不适应、困难重重,给个人和组织的发展都会造成影响。职业指导的作用,就是帮助人了解自己属于哪一种类型,然后在对应的职业环境中寻找合适的职业。这样不仅缩小了人们职业选择的搜索范围,使职业选择的方向性更强,而且选中的职业与自己个性更为匹配,有利于个人才能的发挥和价值的实现。

三、性格的类型与评定

1. 通过 MBTI 了解性格

MBTI(Myers-Briggs Type Indicator)的理论基础来源于瑞典心理学家荣格的观点,他认为我们的心理活动会指向外部世界,也会指向自己的内心世界,前者属外倾型,后者属内倾型,同时我们通过感观和直觉来获取外界的信息,并利用这些信息,通过理性和感性的方式对事情进行判断和认识,并在此基础上形成自己的行为习惯和人格模式。后来,布莱格斯和她的女儿迈尔斯对其研究并将其发展成为心理测评工具,被称作 Myers-Briggs Type Indicator。MBTI 有许多研究数据的支持,属于信度、效度都较高的心理测评工具。它的用途非常广泛,常被用于自我探索、职业发展、人才选拔、团队建设、管理培训、恋爱与婚姻咨询、教育(学业)咨询及多元文化培训中。

2.MBTI 中的个性类型维度

MBTI 理论将人的性格区分为四个维度,每组两个向度,据此就划分出 16 种不同的心理类型。

MBTI 从四个维度考察一个人的类型偏好,每个维度偏好二分法均由两极组成。

能量倾向:Extroversion vs. Introversion 外向 vs. 内向
接受信息:Sensing vs. Intuition 感觉 vs. 直觉
处理信息:Thinking vs. Feeling 思考 vs. 情感
行动方式:Judging vs. Perceiving 判断 vs. 知觉

对照表 2-1 中对每个偏好的解释,写下自己的 MBTI 类型:_____

表 2-1　MBTI 维度解释

能量倾向：你更喜欢将自己的注意力集中于何处？你从何处获得活力？E-I 维度	
☐ 外向　Extroversion（E） 注意力和能量主要指向外部世界的人和事，而从与人交往和行动中得到活力。 • 关注外部环境； • 喜欢用谈话的方式进行沟通； • 通过谈话形成自己的意见； • 用实际操作或讨论的方式能学得最好； • 兴趣广泛； • 好与人交往，善于表达； • 先行动，后思考； • 在工作和人际关系中都很积极主动	☐ 内向　Introversion（I） 注意力和能量集中于自己的内心世界，从对思想、回忆和情感的反思中得到活力。 • 关注自己的内心世界； • 更愿意用书面方式沟通； • 通过思考形成自己的意见； • 用思考、在头脑中"练习"的方式学得最好； • 兴趣专注； • 安静而显得内向； • 先思考，后行动； • 当情境或事件对他们具有重要意义时会采取主动
接受信息：你如何获取信息？S-N 维度	
☐ 感觉 Sensing（S） 用自己的五官来获取信息。喜欢收集实实在在的、确实已出现的信息。对于周围所发生的事件观察入微，特别关注现实。 • 着眼于当前的实际情况； • 现实、具体； • 关注真实的、实际存在的事物； • 观察敏锐，并能记住细节； • 经过仔细周详的推理一步步得出结论； • 通过实际运用来理解抽象的思维和理论； • 相信自己的经验	☐ 直觉 Intuition（N） 通过想象、无意识等超越感觉的方式来获取信息。喜欢看整个事件的全貌，关注事实之间的关联。想要抓住事件的模式，特别善于看到新的可能性。 • 着眼于未来的可能； • 富于想象力和创造性； • 关注数据所代表的模式和意义； • 当细节与某一模式相关时才能够记得； • 靠直觉很快得出结论； • 希望在应用理论之前先能对其进行澄清； • 相信自己的灵感
处理信息：你是如何做决定的？T-F 维度	
☐ 思考 Thinking（T） 通过分析某一行动或选择的逻辑后果来做出决定。会将自己从情境中分离出来，对事件的正反两方面进行客观分析。从分析和确认事件中的错误并解决问题中获得活力。目标是要找到一个能应用于所有相似情境的标准或原则。 • 好分析的； • 运用因果推理； • 以逻辑的方式解决问题； • 寻求一个合乎真理的客观标准； • 爱讲理的； • 可能显得不近人情； • 公平意味着每个人都能得到平等的待遇	☐ 情感 Feeling（F） 喜欢考虑对自己和他人来说什么是重要的。会在头脑中将自己放在情境所牵涉的所有人的位置上并试图理解别人的感受，然后在此基础上根据自己的价值判断做出决定。从对他人表示赞赏和支持中获得活力。目标是创造和谐的氛围，把每一个人都当作一个独特的个体来对待。 • 善于体贴他人、感同身受； • 受个人价值观的引导； • 衡量决定对他人产生的后果和影响； • 寻求和谐的气氛和积极的人际交往； • 富于同情心； • 可能会显得心肠太软； • 公平意味着每个人都被作为独特的个体来对待
行动方式：你如何与外部世界打交道？J-P 维度	
☐ 判断 Judging（J） 喜欢将事情管理得井井有条，过一种有计划的、井然有序的生活。喜欢做出决定，完成后继续下面的工作。生活通常会比较有规划、有秩序，喜欢把事情敲定下来。照计划和日程安排办事对他们来说很重要。从完成任务中获得能量。 • 喜欢组织管理自己的生活； • 有系统有计划； • 按部就班； • 爱制定短期和长期计划； • 喜欢把事情落实敲定； • 力图避免最后一分钟才做决定或完成任务的压力	☐ 知觉 Perceiving（P） 喜欢以一种灵活、自发的方式生活，更愿意去体验和理解生活而不是去控制它。详细的计划或最后决定会使他们感到被束缚。愿意对新的信息和选择保持开放，直到最后一分钟。足智多谋，善于调节自己适应当前场合的需要，并从中获得能量。 • 自发的； • 灵活； • 随意； • 开放； • 适应，改变方向； • 不喜欢把事情确定下来，以留有改变的可能性； • 最后一分钟的压力会使他们感到活力充沛

MBTI测评结果中，一个人在每个维度上只能是一种偏好，如一个人是内倾的就不可能是外倾的，是知觉型的就不会是判断型的。但是，这并不代表一个人是内倾的就没有丝毫外倾的特征。性格也是如此，一个人如果是内倾，意味着在绝大多数情况下其自然反应是内倾的，但是也有外倾的时候，在特别的情境下，甚至可能主要表现为外倾。所以，不要绝对地看待测评的结果。

四、16种性格类型特征及适合的职业

前面将MBTI的各个维度做了单独介绍，但并不意味着要从单个维度去理解人，因为人的性格非常复杂，不同维度都会彼此影响。因此，正确理解一个人的方法是将四个维度综合考虑。在MBTI中，四个维度中的两极正好组合成16种性格类型，通过对上述四个维度进行排列组合，就能得到16种性格类型。每个人通过MBTI测试都可以获得有关自己性格类型的信息，了解自己的性格特点，并据此选择适合自己性格类型的职业。下面我们来分别了解这16种性格类型的特征及其适合的职业。

1. ISTJ型：内向+感觉+思考+判断

（1）基本特征　沉静、认真、贯彻始终、得人信赖而取得成功。讲求实际，注重事实和有责任感。能够合情合理地去决定应做的事情，而且坚定不移地把它完成，不会因外界事物而分散精神。以做事有次序、有条理为乐——不论在工作、家庭或者生活中。重视传统和忠诚。

ISTJ型的人是严肃的、有责任心的和通情达理的社会坚定分子。他们值得信赖，重视承诺，对他们来说，言语就是庄严的宣誓。ISTJ型的人工作缜密，讲求实际，很有头脑也很现实。他们具有很强的集中力、条理性和准确性。无论他们做什么，都相当有条理和可靠。他们具有坚定不移、深思熟虑的思想，一旦他们着手自己相信是最好的行动方法时，就很难转变或变得沮丧。ISTJ型的人特别安静和勤奋，对于细节有很强的记忆和判断。他们能够引证准确的事实支持自己的观点，把过去的经历运用到现在的决策中。他们重视和利用符合逻辑、客观的分析，以坚持不懈的态度准时地完成工作，并且总是安排有序，很有条理。他们重视必要的理论体系和传统惯例，对于那些不是如此做事的人则很不耐烦。ISTJ型的人总是很传统、谨小慎微。他们聆听和喜欢确实、清晰地陈述事物。ISTJ型的人天生不喜欢显露，即使危机之时，也显得很平静。他们总是显得责无旁贷、坚定不变，但是在他们冷静的外表之下，也许有强烈却很少表露的反应。

（2）可能存在的盲点　ISTJ型的人有一个缺点，就是他们常常会迷失在一件工作中的细节和日常操作中，一旦沉浸进去，他们就会变得顽固，而且对其他的观点置之不理。收集更广泛的信息，并且理智地评估一下自己的行为可能带来的后果，可以让ISTJ型的人在所有的领域中更有影响力。ISTJ型的人有时不能明白别人的需求，因此可能被看成是冷酷无情的人。他们应该把对别人的欣赏表达出来，而不是留在心里。

（3）适合的领域与职业　适合的领域：工商业领域、金融银行业、政府机构、技术领域、医务领域。适合的职业：审计员、后勤经理、信息总监、预算分析员、工程师、计算机程序员、证券经纪人、地质学者、医学研究者、会计、文字处理专业人士等。

2. ESTJ 型：外向+感觉+思考+判断

（1）基本特征　讲求实际，注重现实，注重事实。果断，很快做出实际可行的决定。善于将项目和人组织起来将事情完成，并尽可能以最有效率的方法达到目的。能够注意日常例行工作的细节。有一套清晰的逻辑标准，系统性地遵循，并希望他人也同样遵循。会以较强硬的态度去执行计划。

ESTJ 型的人高效率工作，自我负责，监督他人工作，合理分配和处置资源，主次分明，井井有条；能制定和遵守规则，多喜欢在制度健全、等级分明、比较稳定的企业中工作；倾向于选择较为务实的业务，以有形产品为主；喜欢工作中带有和人接触、交流的成分，但不以态度取胜；不特别强调工作的行业或兴趣，多以职业角度看待每一份工作。ESTJ 型的人很善于完成任务；他们喜欢操纵局势和促使事情发生；他们具有责任感，信守他们的承诺。他们喜欢条理性并且能记住和组织安排许多细节。他们及时和尽可能高效率地、系统地开始达到目标。ESTJ 型的人被迫做决定。他们常常以自己过去的经历为基础得出结论。他们很客观，有条理性和分析能力，以及很强的推理能力。事实上，除了符合逻辑外，其他没有什么可以使他们信服。同时，ESTJ 型的人又很现实、有头脑、讲求实际。他们更感兴趣的是真实的事物，而不是诸如抽象的想法和理论等无形的东西。他们往往对那些认为没有实用价值的东西不感兴趣。他们知道自己周围将要发生的事情，而首要关心的则是目前。因为 ESTJ 型的人依照一套固定的规则生活，所以他们坚持不懈和值得依赖。他们往往很传统，有兴趣维护现存的制度。虽然对于他们来说，感情生活和社会活动并不像生活的其他方面那样重要，但是对于亲情关系，他们却固守不变。他们不但能很轻松地判断别人，而且还是条理分明的纪律执行者。ESTJ 型的人直爽坦率。通常他们会很容易地了解事物，这是因为他们相信"你看到的便是你得到的"。

（2）可能存在的盲点　ESTJ 型的人很冷淡而且漠不关心，因此他们通常需要对自己的感情以及别人的反应和情感更加留心和尊重。他们天生是批判性的人，ESTJ 型的人经常不能对别人的才能和努力给予赞同和表扬。ESTJ 型的人经常在还没有集齐所有必要的信息，或还没有花足够的时间了解情况的时候就跳到结果上。他们需要学会有意识地推迟做决定的时间，直到他们考虑过所有的信息，特别是他们可能会忽视的其他选择。ESTJ 型的人如果放弃一些他们追求的控制权，并且懂得生活中有一些灰色的区域，那么他们一定会更好地适应社会并获得成功。

（3）适合的领域与职业　适合的领域：无明显领域特征。适合的职业：银行官员、项目经理、数据库经理、信息总监、后勤与供应经理、业务运作经理、证券经纪人、电脑分析人员、保险代理、普通承包商、工厂主管等。

3. ISFJ 型：内向+感觉+情感+判断

（1）基本特征　沉静，友善，有责任感，谨慎。能坚定不移地承担责任。做事贯彻始终、不辞劳苦、准确无误。忠诚，替人着想，细心；往往记得他所重视的人的种种微小事情，关心别人的感受。努力创造一个有秩序、和谐的工作和家居环境。

ISFJ 型的人忠诚、有奉献精神和同情心，理解别人的感受。他们意志清醒而有责任心，乐于为人所需。ISFJ 型的人十分务实，他们喜欢平和谦逊的人。他们喜欢利用大量的事实情况，对于细节则有很强的记忆力。他们耐心地对待任务的整个阶段，喜欢事情能够清晰明确。ISFJ 型的人具有很强烈的职业道德，所以他们如果知道自己的行为真正有用时，会对需要完成之事承担责任。他们准确系统地完成任务。他们具有传统的价值观，十分保守。他们利用符合实际的判断标准做决定，通过出色的注重实际的态度增加了稳定性。ISFJ 型的人平和谦虚，勤奋严肃。他们温和、圆通，支持朋友和同伴。他们乐于协助别人，喜欢实际可行地帮助他人。他们利用个人热情与人交往，在困难中与他人和睦相处。ISFJ 型的人不喜欢表达个人感情，但实际上对于大多数的情况和事件都具有强烈的个人反应。他们关心、保护朋友，愿意为朋友献身，他们有为他人服务的意识，愿意完成他们的责任和义务。

（2）可能存在的盲点　他们生活得过于现实，很难全面地观察问题，也很难预见情况的可能性，尤其是他们不熟悉的情况。他们需要往前看而且设想一下如果换个法儿做，事情能变成什么样。他们做每一件事都会小心翼翼地从头到尾，这使他们很容易劳累过度。他们需要将心中埋藏许久的愤怒发泄出来，这样才能摆脱这种不利的地位。他们也需要让别人知道他们的需求和理想。他们总是过度地计划，因此他们需要制定一些策略来调整自己专注的焦点，需要找到途径来给自己安排必要的娱乐和放松。

（3）适合的领域与职业　适合的领域：领域特征不明显，较相关的如医护领域、消费类商业领域、服务类领域。适合的职业：人事管理人员、电脑操作员、顾客服务代表、信贷顾问、零售业主、房地产代理或经纪人、艺术人员、室内装潢师、商品规划师、语言病理学者等。

4. ESFJ 型：外向+感觉+情感+判断

（1）基本特征　有爱心，有责任感，合作。希望周边的环境温馨而和谐，并为此果断地营造这样的环境。喜欢和他人一起精确并及时地完成任务。忠诚，即使在细微的事情上也如此。能体察到他人在日常生活中的所需并竭尽全力帮助，希望自己和自己的所为能受到他人的认可和赏识。

ESFJ 型的人通过直接的行动和合作积极地以真实、实际的方法帮助别人。他们友好、富有同情心和责任感。ESFJ 型的人把他们和别人的关系放在十分重要的位置，所以他们往往具有和睦的人际关系，并且通过很大的努力以获得和维持这种关系。事实上，他们常常理想化自己欣赏的人或物。ESFJ 型的人往往对自己以及自己的成绩十分欣赏，因而他们对于批评或者别人的漠视很敏感。通常他们很果断，表达自己坚定的主张，乐于事情能很快得到解决。ESFJ 型的人很现实，他们讲求实际、实事求是和安排有序。他们参与并能记住重要的事情和细节，乐于帮助别人，也能对自己的事情很确信。他们在自己的个人经历或在他们所信赖之人的经验之上制定计划或得出见解。他们知道并参与周围的物质世界，并喜欢具有主动性和创造性。ESFJ 型的人十分小心谨慎，也非常传统化，因而他们能恪守自己的责任与承诺。他们支持现存制度，往往是委员会或组织机构中积极主动和乐于合作的成员，他们重视并能保持很好的社交关系。他们不辞劳苦地帮助他人，尤其在遇到困难或取得成功时，他们都很积极活跃。

（2）可能存在的盲点　在紧张而痛苦的时候，他们会对现实情况熟视无睹。他们需要学会直接而诚实地处理矛盾冲突。ESFJ 型的人总是由于想取悦或帮助他人而忽视自己的需求。当他们不能找到改变自己生活的途径时，他们就可能变得消极和郁闷。从问题中跳出来更客观地对待它，常常可以给他们带来全新的视野。他们不愿意寻找解决问题的新方法，表现得不知变通,因此延迟做判断的时间,并对处理问题的新途径持开放态度,可以使他们获得更丰富的指示并帮助他们更好地做出决定。

（3）适合的领域与职业　适合的领域：领域特征不明显。适合的职业：公关客户经理、个人银行业务员、销售代表、人力资源顾问、零售业主、餐饮业者、房地产经纪人、营销经理、电信营销员、接待员、信贷顾问、簿记员等。

5. ISFP型：内向+感觉+情感+知觉

（1）基本特征　沉静,友善,敏感和仁慈。欣赏目前的状况和他们周遭所发生的事情。喜欢有自己的空间,做事能把握自己的时间。忠于自己的价值观,忠于自己所重视的人。不喜欢争论和冲突,不会强迫别人接受自己的意见或价值观。

ISFP型的人平和、敏感,他们保持着许多强烈的个人理想和自己的价值观念。他们更多的是通过行为而不是言辞表达自己深沉的情感。ISFP型的人谦虚而缄默,但实际上他们是具有巨大的友爱和热情之人,但是除了与他们相知和信赖的人在一起外,他们不经常表现出自我的另一面。因为ISFP型的人不喜欢直接的自我表达,所以常常被误解。ISFP型的人耐心、灵活,很容易与他人相处,很少支配或控制别人。他们很客观,以一种相当实事求是的方式接受他人的行为。他们善于观察周围的人和物,却不寻求发现动机和含义。ISFP型的人完全生活在现在,所以他们的准备或计划往往不会多于必需,他们是很好的短期计划制定者。因为他们喜欢享受目前的经历,而不继续向下一个目标兑现,所以他们对完成工作感到很放松。ISFP型的人对于从经历中直接了解和感受的东西很感兴趣,常常富有艺术天赋和审美感,力求为自己创造一个美丽而隐蔽的环境。ISFP型的人没有想要成为领导者,他们经常是忠诚的追随者和团体成员。因为他们利用个人的价值标准去判断生活中的每一件事,所以他们喜欢那些花费时间去认识他们和理解他们内心的忠诚之人。他们需要最基本的信任和理解,在生活中需要和睦的人际关系,对于冲突和分歧很敏感。

（2）可能存在的盲点　ISFP型的人天生具有高度的敏感,这使他们可以很清楚地看到他人的需要,并且他们有时会为了满足这些需要而拼命工作以至于在此过程中忽视了自己。他们需要花些时间来像关心别人一样关心自己。ISFP型的人必须努力控制自己的冲动,并偶尔享受一下安静的生活。他们对别人的批评相当敏感,而且会因受到批评而生气或气馁。在分析中加入一些客观和怀疑的态度会让他们更准确地判断人的性格。

（3）适合的领域与职业　适合的领域：手工艺、艺术领域,医护领域,商业、服务业领域等。适合的职业：优先客户销售代表、行政人员、商品规划师、测量师、海洋生物学者、厨师、室内/风景设计师、职业病理专业人员等。

6. ESFP型：外向+感觉+情感+知觉

（1）基本特征　外向,友善,包容。热爱生活、人类和物质上的享受（那也要建立在金钱的基础上）。喜欢与别人共事,在工作上讲究常识和实用性,注意现实的情况,使工作变得富有趣味性。富灵活性、即兴性,自然不做作,易接受新朋友和适应新环境。与别人一起学习新技能可以达到最佳的学习效果。

ESFP型的人乐于与人相处,有一种真正的生活热情。他们顽皮活泼,通过真诚和玩笑使别人感到事情更加有趣。ESFP型的人脾气随和、适应性强,热情友好和慷慨大方。他们擅长交际,常常是别人的"注意中心"。他们热情而乐于合作地参加各种活动和节目,而且通常立刻能应对几种活动。ESFP 型的人是现实的观察者，他们按照事物本身去对待并接受它们。他们往往信任自己能够听到、闻到、触摸和看到的事物，而不是依赖于理论上的解释。因为他们喜欢具体的事实，对于细节有很好的记忆力，所以他们能从亲身的经历中学到最好的东西。共同的感觉给予他们与人和物相处的实际能力。他们喜欢收集信息，从中观察可能自然出现的解决方法。ESFP 型的人对于自我和他人都能容忍和接受，往往不会试图把自己的愿望强加于他人。ESFP 型的人通融、有同情心，通常许多人都真心地喜欢他们。他们能够让别人采纳他们的建议，所以他们很善于帮助冲突的各方重归于好。他们寻求他人的陪伴，是很好的交谈者。他们乐于帮助旁人，偏好以真实有形的方式给予协助。ESFP 型的人天真率直，很有魅力和说服力。他们喜欢意料不到的事情，喜欢寻找给他人带来愉快和意外惊喜的方法。

（2）可能存在的盲点　ESFP 型的人把体验和享受生活放在第一位，这常常使他们不是那么尽职尽责。他们喜欢交际的特点可能会令他们多管闲事并使自己陷入麻烦之中。ESFP 型的人易受干扰而分心，以至于不能完成工作的毛病使他们变得懒惰。ESFP 型的人应该对将来有所预料，并做好两手准备，一旦结果不尽如人意，也不至于损失太大。ESFP 型的人经常在做决定时不考虑后果，而习惯相信自己的感觉，排斥更客观的事实。因此，他们需要后退一步，考虑一下事情的起因和结果，并努力让自己在工作中变得坚强。拒绝并不像做不做决定那样困难。

（3）适合的领域与职业　适合的领域：消费类行业、服务业、广告业、娱乐业、旅游业、社区服务等。适合的职业：攻关专业人士、劳工关系调解人、零售经理、商品规划师、团队培训人员、旅游项目经营者、表演人员、特别事件协调人、社会工作者、旅游销售经理、融资者、保险代理/经纪人等。

7. ISTP 型：内向+感觉+思考+知觉

（1）基本特征　容忍，有弹性；是冷静的观察者，但当有问题出现时，便迅速行动，找出可行的解决方法。能够分析哪些东西可以使事情进行顺利，又能够从大量资料中，找出实际问题的重心。很重视事件的前因后果，能够以理性的原则把事实组织起来，重视效率。

ISTP 型的人坦率、诚实、讲求实效，他们喜欢行动而非漫谈。他们很谦逊，对于完成工作的方法有很好的理解力。ISTP 型的人擅长分析，所以他们对客观含蓄的原则很有兴趣。他们对于技巧性的事物有天生的理解力，通常精于使用工具和进行手工劳动。他们往往做出有条理而保密的决定。他们仅仅是按照自己所看到的、有条理而直接地陈述事实。ISTP 型的人好奇心强，而且善于观察，只有理性、可靠的事实才能使他们信服。他们重视事实，他们是现实主义者，所以能够很好地利用可获得的资源，同时他们善于把握时机，这使他们变得很讲求实效。ISTP 型的人平和而寡言，往往显得冷酷而清高，而且容易害羞，除了与好朋友在一起时。他们平等、公正，往往受冲动的驱使，对于即刻的挑战和问题具有相当的适应性和反应能力。因为他们喜欢行动和兴奋的事情，所以他们乐于户外活动和运动。

（2）可能存在的盲点　总是独自做出判断，这使周围的人对 ISTP 型的人一无所知。这类人不喜欢与别人分享自己的反应、情感和担忧。过度向往空闲时间使他们有时会偷工减料。对刺激的追求也使他们变得鲁莽、轻率，而且容易厌烦。设计一个目标可以帮助他们克服自己主动性的缺乏，避免频繁的失望和无规律的生活习惯带来的危害。

（3）适合的领域与职业　适合的领域：证券业、金融业、贸易、商业领域、户外运动、艺术等。适合的职业：证券分析员、银行职员、管理顾问、电子专业人士、技术培训人员、信息服务开发人员、软件开发商、海洋生物学者、后勤与供应经理、经济学者等。

8. ESTP 型：外向+感觉+思考+知觉

（1）基本特征　灵活、忍耐力强，实际，注重结果。觉得理论和抽象的解释非常无趣。喜欢积极地采取行动解决问题。注重当前，自然不做作，享受和他人在一起的时刻，喜欢物质享受和时尚。学习新事物最有效的方式是通过亲身感受和练习。

ESTP 型的人不会焦虑，因为他们是快乐的。ESTP 型的人活跃、随遇而安、天真率直。他们乐于享受现在的一切而不是为将来计划什么。ESTP 型的人很现实，他们信任和依赖于自己对这个世界的感受。他们是好奇而热心的观察者。因为他们接受现在的一切，所以他们思维开阔，能够容忍自我和他人。ESTP 型的人喜欢处理、分解与恢复原状的事务。ESTP 型的人喜欢行动而不是漫谈，当问题出现时，他们乐于去处理。他们是优秀的解决问题的人，这是因为他们能够掌握必要的事实情况，然后找到符合逻辑的明智的解决途径，而无须浪费大量的努力和精力。他们会成为适宜外交谈判的人，他们乐于尝试非传统的方法，而且常常能够说服别人给他们一个妥协的机会。他们能够理解晦涩的原则，在符合逻辑的基础上，而不是基于他们对事物的感受之上做出的决定。因此，他们讲求实效，在情况必须时非常强硬，在大多数社交场合中，ESTP 型的人很友善，富有魅力、轻松自如而受人欢迎。在任何有他们的场合中，他们总是爽直、多才多艺和有趣。总有没完没了的笑话和故事。他们善于通过缓和气氛以及使冲突的双方相互协调，从而化解紧张的局势。

（2）可能存在的盲点　ESTP 型的人只着眼于现在的偏好以及在危机发生时采用的那种"紧急"的反应。常常一次着手很多事，到最后发现不能履行诺言了。他们需要把眼光放得远一点。ESTP 型的人在力求诚实时往往会忽视他人的情感，变得迟钝，只有把自己的观察能力用在周围的人群中，才能更有影响力。他们还需要掌握时间观念和长远规划的技巧，以帮助他们准备并完成他们的责任。

（3）适合的领域与职业　适合的领域：贸易、商业、某些特殊领域、服务业、金融证券业、娱乐、体育、艺术。适合的职业：企业家、业务运作顾问、个人理财专家、证券经纪人、银行职员、预算分析者、技术培训人员、综合网络专业人士、旅游代理、促销商、手工艺人、新闻记者、土木/工业/机械工程师等。

9. INFJ 型：内向+直觉+情感+判断

（1）基本特征　寻求思想、关系、物质等之间的意义和联系。希望了解什么能够激励人，对人有很强的洞察力。有责任心，坚持自己的价值观。对于怎样更好地服务大众有清晰的远景。在目标的实现过程中有计划而且果断坚定。

INFJ 型的人生活在思想的世界里，他们是独立的、有独创性的思想家，具有强烈的感情、坚定的原则和正直的人性。即使面对怀疑，INFJ 型的人仍相信自己的看法与决定，他们对自己的评价高于其他的一切，包括流行观点和存在的权威，这种内在的观念激发着他们的积极性。通常 INFJ 型的人具有本能的洞察力，能够看到事物更深层的含义。即使他人无法分享他们的热情，但灵感对于他们依然重要而且令人信服。INFJ 型的人忠诚、坚定、富有理想。他们珍视正直，十分坚定以至达到倔强的地步。因为他们的说服能力，以及对于什么对公共利益最有利有清楚的看法，所以INFJ型的人会成为伟大的领导者。由于他们的贡献，他们通常会受到尊重或敬佩。因为珍视友谊与和睦，INFJ型的人喜欢说服别人，使之相信他们的观点是正确的。通过运用嘉许和赞扬，而不是争吵和威胁，他们赢得了他人的合作。他们愿意毫无保留地激励同伴，避免争吵。通常INFJ型的人是深思熟虑的决策者，他们觉得问题使人兴奋，在行动之前他们通常要仔细地考虑。他们喜欢每次全神贯注于一件事情，这会造成一段时期的专心致志。满怀热情与同情心，INFJ型的人强烈地渴望为他人的幸福作贡献。他们注意其他人的情感和利益，能够很好地处理复杂的人和事。INFJ型的人本身具有深厚复杂的性格，既敏感又热切。他们内向，很难被人了解，但是愿意同自己信任的人分享内在的自我。他们往往有一个交往深厚、持久的小规模的朋友圈，在合适的氛围中能产生充分的个人热情和激情。

（2）可能存在的盲点　因为太专注于"想法"，INFJ型的人有时会显得不实际，而且会忽视一些细节。留意一下周围的情况，并且善于运用已被证实的信息会帮助他们更好地运用自己的创造性思维。他们时刻受到自己原则的约束，没有远见，不知变通，抵制与他们相冲突的想法，因为对他们来说自己的地位是不容置疑的。INFJ型的人有顽固的倾向，对任何批评都会过度敏感，当矛盾升级时，他们会感到失望和绝望。总之他们要客观地认识自己和自己的人际关系。

（3）适合的领域与职业　适合的领域：咨询、教育、科研等领域。适合的职业：人力资源经理、事业发展顾问、营销人员、企业组织发展顾问、职业分析人员、企业培训人员、媒体特约规划师、编辑、艺术指导、口译人员、社会科学工作者。

10. ENFJ型：外向+直觉+情感+判断

（1）基本特征　温情，有同情心，反应敏捷，有责任感。非常关注别人的情绪、需要和动机。善于发现他人的潜能，并希望能帮助他们实现。能够成为个人或群体成长和进步的催化剂。忠诚，对赞美和批评都能做出积极的回应。友善，好社交。在团体中能很好地帮助他人，并有鼓舞他人的领导能力。

ENFJ型的人热爱人类，他们认为人的感情是最重要的。而且他们很自然地关心别人，以热情的态度对待生命，感受与个人相关的所有事物。由于他们很理想化，按照自己的价值观生活，因此ENFJ型的人对于他们所尊重和敬佩的人、事业和机构非常忠诚。他们精力充沛，满腔热情，富有责任感，勤勤恳恳，锲而不舍。ENFJ型的人具有自我批评的自然倾向。然而，他们对他人的情感具有责任心，所以ENFJ型的人很少在公共场合批评人。他们敏锐地意识到什么是（或不是）合适的行为。他们彬彬有礼，富有魅力，讨人喜欢，深谙社会。ENFJ型的人具有平和的性格与忍耐力，他们长于外交，擅长在自己的周围激发幽默感。他们是天然的领导者，受人欢迎而有魅力。他们常常得益于自己口头表达的天分，愿意成为出色的传播工作者。ENFJ型的人在自己对情况感受的基础上做决定，而不是基于事实本身。他们对显而易见的事物之外的可能性，以及这些可能性以怎样的方式影响他人感兴趣。ENFJ型的人天生具有条理性，他们喜欢一种有安排的世界，并且希望别人也是如此。即使其他人正在做决定，他们还是喜欢自己把问题解决掉。ENFJ型的人富有同情心和理解力，愿意培养和支持他人。他们能很好地理解别人，有责任感和关心他人。由于他们是理想主义者，因此他们通常能看到别人身上的优点。

（2）可能存在的盲点　ENFJ型的人过于认真和动感情，以至于有时会过度陷于别人的问题或感情中。当事情没有如期的那样成功时，他们会感到失落、失望或绝望。这会使他们退缩，感到自己不被欣赏。ENFJ的人需要学会接受他们自己的以及他们所关心的人的能力限度，学会"挑选战场"并保持现实的期望。由于对和睦的强烈要求，他们会忽视自己的需求和忽略实际的问题，有时会保持一种不够诚实和公平的关系。而对别人的情感过于关心又让他们无视那些可能带来批评和伤感情的重要事实。因为他们热情很高，又急于迎接新的挑战，所以有时会做出错误的假设或草率的决定。他们需要放慢脚步，获得足够多的信息之后再行动。

ENFJ型的人很爱接受赞扬，但对于批评却很脆弱，对无害和好意的批评都很难接受，通常对此的反应是慌乱、伤心或愤怒，甚至完全丧失理性。试着不那么敏感，可以让他们从积极的批评中获得许多重要的信息。他们相信理想的人际关系，对与自己的信念相抵触的事实视而不见，所以他们需要更心明眼亮。

（3）适合的领域与职业　适合的领域：培训、咨询、教育、新闻传播、公共关系、文化艺术。适合的职业：人力资源开发培训人员、销售经理、小企业经理、程序设计员、生态旅游业专家、广告客户经理、公关专业人士、协调人、作家、记者、非营利机构总裁等。

11. INTJ型：内向+直觉+思考+判断

（1）基本特征　在实现自己的想法和达成自己的目标时有创新的想法和非凡的动力。能很快洞察外界事物的规律并形成长期的远景计划。一旦决定做一件事就会开始规划并直到完成。多疑、独立，对于自己和他人能力和表现的要求都非常高。

INTJ型的人是完美主义者。他们强烈地要求个人自由和能力，同时在他们独创的思想中，不可动摇的信仰促使他们达到目标。INTJ型的人思维严谨、有逻辑性、足智多谋，他们能够看到新计划实行后的结果。他们对自己和别人都很苛刻，往往几乎同样强硬地逼迫别人和自己。他们并不十分受冷漠与批评的干扰，作为所有性格类型中最独立的，INTJ型的人更喜欢以自己的方式行事。面对相反意见，他们通常持怀疑态度，十分坚定和坚决。权威本身不能强制他们，只有他们认为这些规则对自己的更重要的目标有用时，才会去遵守。INTJ型的人是天生的谋略家，具有独特的思想、伟大的远见和梦想。他们天生精于理论，对于复杂而综合的概念运转灵活。他们是优秀的战略思想家，通常能清楚地看到任何局势的利处和缺陷。对于感兴趣的问题，他们是出色的、具有远见和见解的组织者。如果是他们自己形成的看法和计划，他们会投入不可思议的注意力、能量和积极性。领先到达或超过自己的高标准的决心和坚忍不拔，使他们获得许多成就。

（2）可能存在的盲点　由于有时给自己确立了不切实际的高标准，INTJ型的人可能对自己和他人期望过多。实际上，他们不关心自己的标准是否会影响到其他人，只注重自己。他们常常不希望别人对抗自己的意愿也不愿听取别人的观点。他们需要学习对别人所谓的"不合逻辑"的想法加以了解，并且接受那些合理有效的。INTJ型的人需要简化他们那些理论化的复杂难懂的想法，以便可以很好地与他人交流。对向他人请教可以帮他们提早发现一些不合实际的想法，或者帮助他们避免在大量投入之前做出必要的修正和改进的想法予以接受。INTJ型的人要想变得更加有效率，就得学会放弃一些不重要的主意，而成功地抓住那些重要的。当他们努力地去接受生活并学会与他人相处后，INTJ 型的人会获得更多平衡和能力，并让自己的新观念为世界所接受。

（3）适合的领域与职业　适合的领域：科研、科技应用、技术咨询、管理咨询、金融、投资领域、创造性行业。适合的职业：管理顾问、经济学者、国际银行业务职员、金融规划师、运作研究分析人员、信息系统开发商、综合网络专业人员等。

12. ENTJ 型：外向+直觉+思考+判断

（1）基本特征　坦诚、果断，有天生的领导能力。能很快看到公司/组织程序和政策中的不合理性和低效能性，发展并实施有效和全面的系统来解决问题。善于做长期的计划和目标的设定。通常见多识广，博览群书，喜欢拓宽自己的知识面并将此分享给他人。在陈述自己的想法时非常强而有力。

ENTJ 型的人是伟大的领导者和决策人。他们能轻易地看出事物具有的可能性，很高兴指导别人，使他们的想象成为现实。他们是头脑灵活的思想家和伟大的长远规划者。因为 ENTJ 型的人很有条理和分析能力，所以他们通常对要求推理和才智的任何事情都很擅长。为了在完成工作中称职，他们通常会很自然地看出所处情况中可能存在的缺陷，并且立刻知道如何改进。他们力求精通整个体系，而不是简单地把它们作为现存的接受而已。ENTJ 型的人乐于完成一些需要解决的复杂问题，他们大胆地力求掌握使他们感兴趣的任何事情。ENTJ 型的人把事实看得高于一切，只有通过逻辑的推理才会确信。ENTJ 型的人渴望不断增加自己的知识基础，他们系统地计划和研究新情况。他们乐于钻研复杂的理论性问题，力求精通任何他们认为有趣的事物。他们对于行为的未来结果更感兴趣，而不是事物现存的状况。ENTJ 型的人是热心而真诚的天生领导者，他们往往能够控制他们所处的任何环境。因为他们具有预见能力，并且向别人传播他们的观点，所以他们是出色的群众组织者。他们往往按照一套相当严格的规律生活，并且希望别人也是如此。因此他们往往具有挑战性，同样艰难地推动自我和他人前进。

（2）可能存在的盲点　ENTJ 型的人有时会急于做决定。偶尔放慢脚步可以给他们机会来收集到所有相关的数据，并可以将实际情况与自身立场仔细地考虑清楚。但 ENTJ 型的人比较粗心，无耐心并且不敏感、不妥协并且很难接近。所以他们需要倾听周围人的心声，并对他们的贡献表示赞赏。他们过于客观地对待生活，结果没有时间去体会感情。当他们的感情被忽视或没有表达出来的时候，他们是非常敏感的。若对他们的能力表示怀疑的是他们尊敬的人，这种表现尤为强烈。他们会在一些小事上大发雷霆，而这种爆发会伤害与他们亲近的人。如果他们留给自己一点儿时间来体会和了解自己的真实感情，他们会非常开心，效果也很好。正确地释放自己的情感，而不是爆发，会使他们更好地控制自己，并获得自己期望和为之努力的地位。ENTJ 型的人实际上并没有他们自己想象得那么有经验，有能力。只有接受他人实际而有价值的协助，他们才能增长能力并获得成功。

（3）适合的领域与职业　适合的领域：工商业、政界、金融和投资领域、管理咨询、培训、专业性领域。适合的职业：人事/销售/营销经理、技术培训人员、后勤/电脑信息服务和组织重建顾问、国际销售经理、特许经营业主、程序设计员、环保工程师等。

13. INFP 型：内向+直觉+情感+知觉

（1）基本特征　理想主义者，忠于自己的价值观及自己所重视的人。外在的生活与内在的价值观配合，有好奇心，很快看到事情的可能与否，能够加速对理念的实践。试图了解别人、协助别人发展潜能。适应力强，有弹性；如果和他们的价值观没有抵触，往往能包容他人。

INFP 把内在的和谐视为高于其他一切。他们敏感、理想化、忠诚，对于个人价值具有一种强烈的荣誉感。他们个人信仰坚定，有为自认为有价值的事业献身的精神。INFP 型的人对于已知事物之外的可能性很感兴趣，精力集中于他们的梦想和想象。他们思维开阔、有好奇心和洞察力，常常具有出色的长远眼光。在日常事务中，他们通常灵活多变，具有忍耐力和适应性，但是他们非常坚定地对待内心的忠诚，为自己设定了事实上几乎是不可能的标准。INFP 型的人具有许多使他们忙碌的理想和忠诚。他们十分坚定地完成自己所选择的事情，他们往往承担得太多，但不管怎样总要完成每件事。虽然对外部世界他们显得冷淡缄默，但 INFP 型的人很关心内在。他们富有同情心、理解力，对于别人的情感很敏感。除了他们的价值观受到威胁外，他们总是避免冲突，没有兴趣强迫或支配别人。INFP 型的人常常喜欢通过书写而不是口头来表达自己的感情。当 INFP 型的人劝说别人相信他们的想法的重要性时，可能是最有说服力的。INFP 很少显露强烈的感情，常常显得沉默而冷静。然而，一旦他们与你认识了，就会变得热情友好，但往往会避免肤浅的交往。他们珍视那些花费时间去思考目标与价值的人。

（2）**可能存在的盲点** 因为 INFP 型的人不太在意逻辑，所以有时他们会犯错误。如果他们能够听取更实际的建议，对他们是很有好处的。他们总是用不切实际的高标准来要求自己，这会导致他们感到自己是不胜任的。试着更客观地看待自己的事情可以增加 INFP 型的人对批评和失望的承受力。

（3）**适合的领域与职业** 适合的领域：创作性领域、艺术类教育、研究、咨询类领域等。适合的职业：人力资源开发专业人员、社会科学工作者、团队建设顾问、编辑、艺术指导、记者、口译人员、娱乐业人士、建筑师、研究工作者、顾问、心理学专家等。

14. ENFP 型：外向+直觉+情感+知觉

（1）**基本特征** 热情洋溢、富有想象力。认为生活充满很多可能性。能很快地将事情和信息联系起来，然后很自信地根据自己的判断解决问题。很需要别人的肯定，又乐于欣赏和支持别人。灵活、自然不做作，有很强的即兴发挥的能力，言语流畅。

ENFP 型的人充满热情和新思想。他们乐观、自然、富有创造性和自信，具有独创性的思想和对可能性的强烈感受。对于 ENFP 型的人来说，生活是激动人生的戏剧。ENFP 型的人对可能性很感兴趣，所以他们了解所有事物中的深远意义。他们具有洞察力，是热情的观察者，注意常规以外的任何事物。ENFP 型的人好奇，喜欢理解而不是判断。ENFP 型的人具有想象力、适应性和可变性，他们视灵感高于一切，常常是足智多谋的发明人。ENFP 型的人不墨守成规，善于发现做事情的新方法，为思想或行为开辟新道路，并保持它们的开放。在完成新颖想法的过程中，ENFP 型的人依赖冲动的能量。他们有大量的主动性，认为问题令人兴奋。他们也从周围其他人中得到能量，把自己的才能与别人的力量成功地结合在一起。ENFP 型的人具有魅力，充满生机。他们待人热情、彬彬有礼、富有同情心，愿意帮助别人解决问题。他们具有出色的洞察力和观察力，常常关心他人的发展。ENFP 型的人避免冲突，喜欢和睦。他们把更多的精力倾注于维持个人关系而不是客观事物，喜欢保持一种广泛的关系。

(2) 可能存在的盲点　因为觉得想出新主意是很容易的，所以 ENFP 型的人经常无法在一段时间里专注于一件事，而且他们也不善于做决定。他们往往会因为失去兴趣而缺少一种完成任务的自制力。ENFP 型的人需要学会尽可能努力地去完成那些沉闷却是必需的部分，培养良好的时间观念和自我控制能力。当 ENFP 型的人记得考虑客观情况时，他们会是很有作为的，而且他们应该收集更切合实际的想法来使自己的新计划得以施展。

(3) 适合的领域与职业　适合的领域：未有明显的限定领域。适合的职业：人力资源经理、变革管理顾问、营销经理、企业/团队培训人员、广告客户经理、战略规划人员、宣传人员、事业发展顾问、环保律师、研究助理、广告撰稿员、播音员、开发总裁等。

15. INTP 型：内向+直觉+思考+知觉

(1) 基本特征　对任何感兴趣的事物，都要探索一个合理的解释。喜欢理论和抽象的事情，喜欢理念思维多于社交活动。沉静，满足，有弹性，适应力强。在他们感兴趣的范畴内，有非凡的能力去专注而深入地解决问题。有怀疑精神，有时喜欢批判，常常善于分析。

INTP 型的人是解决理性问题者。他们很有才智和条理性，具有创造才华的突出表现。INTP 型的人外表平静、缄默、超然，内心却专心致志于分析问题。他们苛求精细、惯于怀疑。他们努力寻找和利用原则以理解许多想法。他们喜欢有条理和有目的的交谈，而且可能会仅仅为了高兴，争论一些无益而琐细的问题。只有有条理的推理才会使他们信服。通常 INTP 型的人是足智多谋、有独立见解的思考者。他们重视才智，对于个人能力有强烈的欲望，有能力也很感兴趣向他人挑战。INTP 型的人最主要的兴趣在于理解明显的事物之外的可能性。他们乐于为了改进事物的目前状况或解决难题而进行思考。他们的思考方式极端复杂，而且他们能很好地组织概念和想法。偶尔，他们的想法非常复杂，以至于很难向别人表达和被他人理解。INTP 型的人十分独立，喜欢冒险和富有想象力的活动。他们灵活易变、思维开阔，更感兴趣的是发现有创新而且合理的解决方法，而不是仅仅看到成为事实的解决方式。

(2) 可能存在的盲点　由于 INTP 型的人注重逻辑分析，他们可能不会考虑别人怎么样。如果某件事不合逻辑，INTP 型的人很可能放弃它，就算它对他们很重要。INTP 型的人极其善于发现一个想法中的缺陷，但却很难把它们表达出来。他们可能对常规的细节没有耐心。把能量释放出来可以使他们获得大量的实际知识，以便使自己的想法得以实施，并被他人接受。与他人谈谈自己的这些感受可以帮助他们更客观、更实际地认识自己。他们还喜欢操纵局势和促进事情发生。

(3) 适合的领域与职业　适合的领域：计算机技术理论研究、学术领域、专业领域、创造性领域等。适合的职业：电脑软件设计师、系统分析人员、研究开发人员、战略规划师、金融规划师、信息服务开发商、变革管理顾问、企业金融律师等。

16. ENTP 型：外向+直觉+思考+知觉

(1) 基本特征　反应快、睿智，有激励别人的能力，警觉性强，直言不讳。在解决新的、具有挑战性的问题时机智而有策略。善于找出理论上的可能性，然后再用战略的眼光分析。善于理解别人。不喜欢例行公事，很少会用相同的方法做相同的事情，倾向于一个接一个地发展新的爱好。

ENTP 型的人喜欢兴奋与挑战。他们热情开放、足智多谋、健谈而聪明，擅长许多事情，不断追求增加个人能力和个人权力。ENTP 型的人天生富有想象力，他们深深地喜欢新思想，留心一切可能性。他们有很强的首创精神，善于运用创造的冲动。ENTP 型的人视灵感高于其他的一切，力求使他们的新颖想法转变为现实。他们好奇、多才多艺、适应性强，在解决挑战性和理论性问题时善于随机应变。ENTP 型的人灵活而率直，能够轻易地看出任何情况中的缺点，乐于出于兴趣争论问题的某方面。他们有极好的分析能力，是出色的策略谋划者。他们几乎一直能够为他们所希望的事情找到符合逻辑的推理。大多数的 ENTP 型人喜欢审视周围的环境，认为多数的规则和章程如果不被打破，便意味着屈从。有时他们的态度不从习俗，乐于帮助别人做出超出可被接受和被期望的事情。他们喜欢自在的生活，在每天的生活中寻找快乐和变化。ENTP 型的人富有想象力地处理社会关系，常常有许多的朋友和熟人。他们表现得很乐观，具有幽默感。ENTP 型的人吸引和鼓励同伴，通过他们富有感染力的热情，鼓舞别人加入他们的行动中。他们喜欢努力理解和回应他人，而不是判断他人。

（2）可能存在的盲点　由于 ENTP 型的人注重创造力和革新胜过一切，他们的热情促使他们寻找新鲜事物，以至于会忽视必要的准备，而草率地陷入其中。他们需要不过多着手有关事务。他们有时会太过直率而不够圆滑，因此，他们应该经常体会一下自己的真实情感。ENTP 型的人天生的那种快速的预知能力使他们有时错误地以为他们已经知道了别人想要说的话，并插进来接下话茬。他们应该避免表现得自大而粗鲁。

（3）适合的领域与职业　适合的领域：投资顾问、项目策划、投资银行、自我创业、市场营销、创造性领域、公共关系、政治等领域。适合的职业：人事系统开发人员、投资经纪人、工业设计经理、后勤顾问、金融规划师、投资银行职员、营销策划人员、广告创意指导、国际营销商等。

任务二

兴趣探索

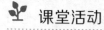

我的岛屿计划

恭喜你获得了一次免费度假旅游的机会！你有机会到以下六个岛屿中的一个去旅游，唯一的要求是你必须在这个岛上待满至少半年的时间。请不要考虑费用等其他的因素，仅凭自己的兴趣，按 1、2、3 的顺序挑出你最想前往的三个岛屿。

R 岛：自然原始的岛屿。岛上自然生态保持得很好，有各种野生动物，也有相当规模的动物园、植物园、水族馆。岛上居民以手工见长，自己种植瓜果蔬菜、修缮房屋、打造器物、制作工具，喜欢户外运动。

I 岛：深思冥想的岛屿。岛上人迹较少，建筑物多僻处一隅，绿野平畴，适合夜观星象。岛上有多处天文馆、科技博览馆以及图书馆等，岛上居民喜好观察、学习、沉思、追求真知，常有机会和来自各地的哲学家、科学家、心理学家等交换心得。

A岛：美丽浪漫的岛屿。岛上有很多美术馆、音乐厅、街头雕塑和街边艺人，弥漫着浓厚的艺术文化气息。同时，当地的原住民还保留了传统的舞蹈、音乐与绘画，许多文艺界的朋友都喜欢来这里找寻灵感。

S岛：友善亲切的岛屿。岛上居民个性温和、十分友善、乐于助人，社区均自成一个密切互动的服务网络，人们重视互助合作，重视教育，关怀他人，充满人文气息。

E岛：显赫富庶的岛屿。岛上的居民热情豪爽，善于企业经营和贸易，能言善道。岛上的经济高度发达，处处是高级饭店、俱乐部、高尔夫球场。来往者多是企业家、经理人、政治家、律师等。

C岛：现代井然的岛屿。岛上建筑十分现代化，是进步的都市形态，以完善的市政管理、金融管理见长。岛民个性冷静保守，处事有条不紊，善于组织规划，细心高效。

我最想前往的三个岛屿：1.　　　　2.　　　　3.

一、兴趣的含义及特征

1. 兴趣的定义

兴趣是指个体力求认识、掌握某种事物，并经常参与该种活动的心理倾向，或者说，兴趣是一个人积极探究某种事物的心理倾向。人的兴趣是在需要的基础之上、在活动之中发展起来的，而且它还是推动人们去寻求知识和从事活动的巨大的内在动力。一个人在从事自己感兴趣的活动时，注意力会更加集中，思维会更加活跃，行为会更为持久稳定，并能产生愉快的心理状态。人的兴趣是多种多样的，但概括起来又可以分为两大类。

（1）物质兴趣和精神兴趣　物质兴趣主要指人们对舒适的物质生活（如衣、食、住、行）的兴趣和追求；精神兴趣主要指人们对精神生活（如学习、研究、文学、艺术）的兴趣和追求。就大学生来说，由于人生观和世界观尚未完全形成，无论物质兴趣还是精神兴趣都需要师长进行积极引导，以防止在物质兴趣方面的畸形发展和在精神兴趣方面的消极发展和追求。

（2）直接兴趣和间接兴趣　直接兴趣是指对活动过程的兴趣。有的大学生想象力丰富，富于创造性，喜欢制作各种模型，在制作过程中全神贯注，表现出浓厚的兴趣。间接兴趣主要指对活动过程所产生的结果的兴趣。有的大学生业余喜欢绘画，每当完成一幅画，他都会对自己取得的成果表现出极大的兴趣。直接兴趣和间接兴趣是相互联系、相互促进的，如果没有直接兴趣，制作各种模型的过程就很乏味、枯燥；而没有间接兴趣的支持，也就没有目标，过程就很难持久下去，因此，只有把直接兴趣和间接兴趣有机地结合起来，才能充分发挥一个人的积极性和创造性，才能持之以恒，目标明确，最终取得成功。

2. 兴趣的特征

人的兴趣具有倾向性、广阔性、持久性等特征。兴趣的倾向性是指个体对什么感兴趣。

人与人，由于年龄、环境、层次属性不一样，兴趣的指向也不同。就大学生来说，有人喜欢文科，有人喜欢理科、工科，他们的兴趣倾向就不一样。兴趣的广阔性主要指兴趣的范围因人而异，有的人兴趣广泛，有的人兴趣狭窄。一般来说，兴趣广泛的人知识面也越宽，在事业上会更有作为。但也要防止兴趣太广，什么都喜欢，而什么又不深入、不专注，结果也会一事无成。兴趣的持久性主要指兴趣的稳定程度。兴趣的持久性，对一个人的学习、工作很重要，只有稳定的兴趣，才能促使人系统地学习某一门知识，把某一项工作坚持到底，并取得成就。

就当代大学生来说，兴趣的倾向性、广阔性和持久性显得很重要，直接关系到大学生未来的发展方向和能否取得成就。

3. 兴趣与其他个性特征的关系

兴趣在我们的各种心理特征中起着非常重要的基础作用。在人格特征、能力和潜能、价值观、需求和动机中，都可以看到兴趣在其中的作用和表现。但是，兴趣和它们不总是统一的，甚至有时会发生冲突，因为其他那些心理特征的形成，除了兴趣的影响外，还有很多另外的促成因素。你所喜欢的却又不擅长的事情会很多；现在最需要的东西与自身兴趣不符合的情况也时有发生。所以，我们在认识自己的兴趣时，也要清醒地认识到，这是我自己的兴趣，但它并不代表我已经拥有了相应的能力。

二、兴趣与生涯发展

显然，如果我们所从事的事情是自己所喜欢的，那我们的工作和生活会愉快得多，多半也会对这样的工作更有激情，更有可能在这样的工作中获得满足感。

兴趣与能力也有密切的关系。人们倾向于在他们感兴趣的事情上投入更多的时间，往往得以培养更强的能力。但要注意的是，兴趣并不等同于能力，兴趣测评分数也不代表能力的高低。因此在下面进行职业兴趣的探索时，请不要考虑自己是否有能力做好某事，而只需考虑你对某一活动的好恶。由于有较强的能力，人们在从事自己喜欢的事情时就会感到得心应手，因此增添了对这些事情的兴趣，从而形成良性的循环。

大量的研究表明，兴趣和工作满意度、职业稳定性和职业成就感之间存在着明显的关联。正因为如此，生涯辅导界普遍将兴趣作为自我探索的一个重要方面，并研制出多种量表来测量人们的职业兴趣。同时，对于工作世界的分类，由于受霍兰德类型论的影响，在很大程度上也是参照职业兴趣类型进行划分。

三、职业兴趣类型与职业的关系

1. 职业兴趣类型

美国职业指导专家约翰·霍兰德在 20 世纪 60 年代以自己从事的职业咨询为基础，通过对自己职业生涯和他人职业发展道路的深入研究，引入人格心理学的有关理论，形成了一套系统的职业设计理论，其内容包括个性和职业类型的划分、职业分类、类型鉴定表等。霍兰德提出了四个基本假设：其一，职业选择是个人人格的延伸，个人的行为是人格与环境交互作用的结果，职业选择也是人格的表现，大多数人的职业兴趣可以归纳为六种人格类型，即现实型（Realistic Type，R）、研究型（Investigative Type，I）、艺术型（Artistic Type，A）、社会型（Social Type，S）、管理型（Enterprising Type，E）和事务型（Conventional Type，C）；其二，所有职业均可划分为相应的六大基本类型，任何一种职业大体都可以归属于六种类型中的一种或几种类型的组合；其三，人们一般都倾向于寻找与其个性类型相一致的职业类型，追求充分施展其能力与价值观，承担令人愉快的工作和角色，职业也充分寻求与其类型相一致的人；其四，个人的行为取决于其个性与所处的职业类型，可以根据有关知识对人的行为进行预测，包括职业选择、工作转换、工作绩效以及教育和社会行为等。霍兰德职业兴趣类型、特点及典型职业如表 2-2 所示。

表 2-2 霍兰德职业兴趣类型、特点及典型职业

类型	共同特点	典型职业
现实型（R）	情绪稳定、有耐心、坦诚直率，动手能力强，但不善言辞，喜欢在讲究实际、需要动手的环境中从事明确、固定的工作，依既定的规则逐步制作完成有实际用途的物品。具有顺从、坦率、谦虚、自然、坚毅、实际、有礼、害羞、稳健、节俭等特征，其行为表现为： ① 喜爱实用型的职业或情境，不喜社会型的职业或情境。 ② 善用具体、实际的能力解决工作及其他方面的问题，较缺乏处理人际关系方面的能力。 ③ 重视具体的事物，如金钱、权利、地位等	印刷出版、工程监理、公交车或卡车司机、电工、工程师、急救护理、搬运或物流工作者、园林设计、机器操作员、设备维修人员、飞行员、管道工或暖气工、调查员、电话网络安装员、车床工或模具工、木匠、汽车修理工、足球教练等
研究型（I）	喜欢观察、思考、分析与推理，喜欢用头脑依自己的步调来解决问题，并追根问底，不喜别人的指引，工作时不喜欢有很多规矩和时间压力。做事时，他们能提出新的想法和策略，但对解决实际问题的细节无兴趣。他们不是很在意别人的看法，喜欢和有相同兴趣或者专业的人交往，否则宁愿自己看书或者思考。具有善于分析、谨慎、批判、好奇、独立、聪明、内向、有条理、谦逊、做事精确、理性、保守等特征，其行为表现为： ① 喜爱研究型的职业或情境，不喜管理型的职业或情境。 ② 善用研究的能力解决工作及其他方面的问题，即自觉、好学、自信，重视科学，但缺乏领导方面的才能	人类学家、建筑师、天文学家、生物学家、植物学家、化学专家、建筑工程师、程序员、软件工程师、系统分析员、法医、牙医、经济学家、电机工程师、食品分析员、地理学家、市场调查分析员、医疗实验技术员、气象研究员、网络运营管理者、海图绘制员、验光师、整形医生、病理分析员、药剂师、精神病医生、城市规划员、兽医实验员、生物学家、心理学家、大学教授等
艺术型（A）	直觉敏锐，善于表达与创新。希望凭借文字、声音、色彩等形式来表达创造力和美的感受；喜欢独立作业，但不希望被忽略，在无拘无束的环境下工作效率最高；喜欢创造不平凡的事物，不喜管人和被管，和朋友的关系比较随兴。具有复杂、善于想象、冲动、独立、直觉性强、无秩序、情绪化、理想化、不顺从、有创意、富有表情、不切实际等特征，其行为表现为： ① 喜爱艺术型的职业或情境，不喜传统型的职业或情境。 ② 富有表达能力和直觉，独立、有创意、不顺从、无次序，拥有艺术与音乐方面的能力（包括表演、写作、语言等），并重视审美的领域	演员、广告创作或管理人员、动画与漫画工作人员、编舞者、作曲者、设计师（包括产品设计、时装设计、花艺设计、平面设计、商标设计、装修设计、工业设计、展台设计等）、电影及电视导演、编辑、画廊工作人员、教师、商品陈列员、音乐家、歌手、摄影师、出品人或制作人、电台主持人、记者、厨师等
社会型（S）	对人和善，容易相处，关心自己和别人的感受，喜欢倾听和了解别人，也愿意付出时间和精力去解决别人的冲突，交友广阔，关心别人胜于关心工作。具有合作、友善、慷慨、助人、仁慈、负责、圆滑、善社交、善解人意、理想主义、洞察力强等特征，其行为表现为： ① 喜爱社会型的职业或情境，不喜现实型的职业或情境，擅以社交方面的能力解决工作及其他方面的问题，但缺乏领导能力。 ② 喜欢帮助别人、了解别人，有教导别人的能力，并重视社会与伦理方面的活动与问题	人类学家、儿童看护员、心理治疗师、咨询师（教育咨询、职业规划咨询、个人咨询等）、健身或塑身教练、家庭健康助理、翻译、法律顾问、护士、公务员、社工、教师（幼儿园、小学、初高中、矫正教育、特殊教育、成人教育）、治疗师（身体疗养、语言治疗、职业生涯诊断、艺术治疗）、牧师等

类型	共同特点	典型职业
管理型(E)	精力旺盛、生活节奏紧凑、喜欢冒险与竞争，做事有计划、行动迅速，不愿意花太多时间仔细研究，希望拥有权力去改善不合理的事。他们善用说服力和组织能力，希望自己的表现被人肯定，并成为团队的焦点人物。具有爱冒险、有野心、独断、冲动、乐观、自信、追求享受、精力充沛、善于社交、希望获取注意和知名度等特征，其行为表现为： ① 喜欢管理性质的职业或环境，不喜欢研究性质的职业或情境，会以管理方面的能力解决工作或其他方面的问题。 ② 冲动、自信、善社交、知名度高、有领导能力与语言能力，缺乏科学能力，但重视政治与经济上的成就	律师、调酒师、采购员、理赔员、调查员（保险员）、项目经理、犯罪调查员、侦探、物流工作者、人事经理、财务规划师、空乘人员、生产商、公共关系管理人员、销售员（零售、批发销售、广告销售、房地产销售、保险销售、医药销售、证券销售）、推广人员、经纪人、导游、政治家、企业经理、电视制片人等
事务型(C)	个性谨慎，做事讲究规矩和精确，喜欢在有清楚规范的环境下工作。他们做事按部就班、精打细算，给人的感觉是有效率、精确、仔细、可靠而有信用。他们的生活哲学是稳扎稳打，不喜欢改变或创新，也不喜欢冒险和领导，会选择和自己志趣相投的人成为好朋友。具有顺从、谨慎、保守、自控、服从、规律、坚毅、实际、稳重、有效率但缺乏想象力等特征，其行为表现为： ① 喜欢传统性质的职业或情境，不喜艺术性质的职业与情境；会以传统的能力来解决工作或其他方面的问题。 ② 喜欢顺从、规律，有书写与计算能力，并重视商业与经济上的成就	会计师、精算师、行政助理、档案管理员、审计员、出纳员、图书管理员、收银员、计算机维护员、文字编辑、法庭书记员、客服人员、经济学家、财务分析员、办公室职员、校对者、前台接待、助理教师、银行家、办事员、税务员等

2. 职业环境类型

霍兰德认为一种职业环境就是一种职业氛围，这种职业氛围是由具有类似人格特质的人所创造出来的特定环境，具有特定的价值观念、态度倾向和行为模式，因此霍兰德将工作环境也分为六种类型，其名称及性质与人格类型的分类一致。人们都尽量寻找那些能运用自己的技术、体现自己的价值和能扮演令自己愉快的角色的职业。一个特定的职业场所的工作氛围可以通过对其工作人员的工作、训练类型或职业偏好进行分类而获得。具体职业通常也采用上述三个字母代码的方式来描述其工作性质和职业氛围。

环境造就了人格，反过来人格又影响着个体对职业环境的选择与适应，人们总是寻找能够施展其能力与技能、表现其态度与价值观的职业，职业满意感、稳定性和职业成就取决于个体人格类型和职业环境的匹配与融合，职业行为是人格与环境相互作用的结果。

3. 六种类型之间的关系

霍兰德用六边形模型来表示六种人格、职业类型的相互关系，如图 2-1 所示，每一种类型与其他类型之间大体分为三类关系：

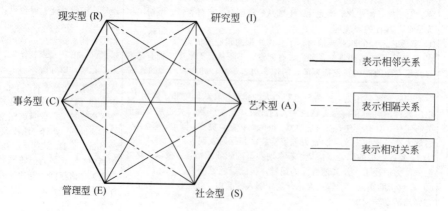

图 2-1 六种类型之间的关系示意图

（1）相邻关系　如 RI、IR、IA、AI、AS、SA、SE、ES、EC、CE、RC 及 CR，属于这种关系的两种类型的个体之间共同点较多。

（2）相隔关系　如 RA、RE、IC、IS、AR、AE、SI、SC、EA、ER、CI 及 CS，属于这种关系的两种类型在个体之间所表现出的共同点较相邻关系要少。

（3）相对关系　在六边形上处于对角位置的类型之间即为相对关系，如 RS、IE、AC、SR、EI 及 CA，相对关系的人格类型共同点少，因此，同时对处于相对关系的两种职业环境都有很浓厚兴趣的人才较少。

人们一般都会倾向于选择与自我兴趣类型相匹配的职业环境，如具有现实型兴趣的人如果能在现实型的职业环境中工作，就可以最好地发挥他个人的潜能。

需要注意的是，在职业选择中，个体并非一定要选择与自己兴趣完全对应的职业环境。主要有三个原因：

① 每个人实际上都是多种兴趣类型的综合体，单一类型显著突出的情况不多。确定个体的兴趣类型时，一般是看其在六大类型中得分居前三位的类型组合，根据分数的高低依次排列字母，构成其兴趣组型，如 RCA 组合构成职业兴趣的"大三角"类型，职业发展空间和选择空间较大；AIS 组合构成"小三角"类型，职业发展空间较集中。

② 影响职业选择的因素是多方面的，不完全依据兴趣类型，还要参照社会的职业需求及获得职业的现实可能性。因此，在进行职业选择时会不断妥协，寻求相邻职业环境，甚至相隔职业环境，在这种环境中，个体需要逐渐适应工作环境。

③ 如果个体组合构成"小三角"类型，又选择了一个相对角的完全与自己兴趣类型组合不一致的职业环境，意味着所进入的是与自我兴趣完全相反的职业环境，则可能难以适应，或者难以乐业。

四、职业兴趣的评定方法

表 2-3 为 RCCP 通用人职匹配测试量表，它可以帮助人们根据测试结果获知自己的人格特征更适合从事哪方面的工作。测试时，测试人根据对每道题目的印象作答，不必仔细推敲，答案没有对错之分。题目回答根据与实际情况符合程度来判断，与测试人的实际情况相符合的用"√"表示，得 2 分；不符合的用"×"表示，得 0 分；难以回答的用"？"表示，得 1 分。对于有些没有机会从事的工作，测试人也可以在假设从事过这些工作的情况下做出判断。希望在做完从现实型（R）→事务型（C）共 108 道题后，再分类统计得分和总分填入成绩栏，并依次完成类型确定过程。

表 2-3　RCCP 通用人职匹配测试量表

类型	内容	得分	总分
现实型（R）	你曾经将钢笔全部拆散加以清洗并独立地将它组装起来吗		
	你会用积木搭出许多造型吗？或小时候常拼七巧板吗		
	你在中学里喜欢做实验吗		
	你对一些动手较多的技术工作（如电工、修钟表、印照片、织毛线、绣花、剪纸等）很感兴趣吗		
	当你家里有些东西需要小修小补时（诸如窗子关不严、凳子坏了、衣服不合身等），常常是由你来做吗		

续表

类型	内容	得分	总分
现实型（R）	你常常偷偷地去摸弄不让你摸弄的机器或机械（诸如打字机、摩托车、电梯、机床等）吗		
	你是否深深体会到身边有一把镊子钳或老虎钳等工具会给你提供许多便利吗		
	看到老师傅在做活，你能很快地、准确地模仿吗		
	你喜欢把一件事做完后再做另一件事吗		
	在做事情前，你经常会害怕出错，而对工作安排反复检查吗		
	你喜欢亲自动手制作一些东西并从中得到乐趣吗		
	你喜欢使用锤子、斧头一类的工具吗		
	如果掌握一门手艺，并能以此为生，你会感到非常满意吗		
	你曾渴望当一名汽车司机吗		
	小时候，你经常把玩具拆开，把里面看个究竟吗		
	你喜欢修理自行车、电器一类的工作吗		
	你喜欢跟各类机械打交道吗		
	你亲手制作或修理的东西经常令你的朋友满意吗		
研究型（I）	你对电视或单位里的智力竞赛很有兴趣吗		
	你经常到新华书店或图书馆翻阅图书（文艺小说除外）吗		
	学生时代你常常会主动地去做一些有趣的习题吗		
	你对一件新产品或新事物的构造或工作原理感兴趣吗		
	当有人向你请教某事情如何做时，你总喜欢讲清内部原理，而不仅仅是操作步骤吗		
	你常常会对一件想知道但又无法详细知道的事物想象出它将是什么或将怎么变化吗		
	看到别人在为一个有趣的难题争论不休时，你会加入进去或者独自一个人思考，直到解决为止吗		
	看推理小说或电影时，你常分析推理谁是罪犯，并且这种分析时常与最后结果相吻合吗		
	你喜欢做一些需要运用智力的游戏吗		
	相比而言，你更喜欢独自一人思考问题吗		
	你的理想是当一名科学家吗		
	你经常不停地思考某一问题，直到想出正确的答案吗		
	你喜欢抽象思维的工作吗		
	你喜欢解答较难的问题吗		
	你喜欢阅读自然科学方面的书籍和杂志吗		
	你能够做那种需要持续集中注意力的工作吗		
	你喜欢学数学吗		
	如果独自在实验室里做长时间的实验，你能坚持吗		
艺术型（A）	你对戏剧、电影、文艺小说、音乐、美术等其中的一、两个方面较感兴趣吗		
	你常常喜欢对文艺界明星品头论足吗		
	你参加过文艺演出、绘画训练或经常写写诗歌、短文吗		
	你的朋友经常赞扬你把自己的房间布置得比较优雅并有品位吗		
	你对别人的服装、外貌以及家具摆设等能做出比较准确的评价吗		
	你认为一个人的仪表美主要是为了表现一个人对美的追求，而不是为了得到别人的赞扬或羡慕吗		

续表

类型	内容	得分	总分
艺术型（A）	你觉得工作之余坐下来听听音乐、看看画册或欣赏戏剧等，是你最大的乐趣吗		
	遇到有美术展览会、歌星演唱会等活动，你常常去观赏吗		
	音乐能使你陶醉吗		
	你喜欢成为人们注意的焦点吗		
	你喜欢不时地夸耀一下自己取得的成就吗		
	你喜欢做戏剧、音乐、歌舞、摄影等方面的工作吗		
	你能较为准确地分析美术作品吗		
	你爱幻想吗		
	看情感影片或小说时，你常禁不住眼圈红润吗		
	当接受一项新任务后你喜欢以自己独特的方法去完成它吗		
	你有文艺方面的天赋吗		
	与推理小说相比，你更喜欢言情小说吗		
社会型（S）	你常常主动给朋友写信或打电话吗		
	你能列出五个你自认为够朋友的人吗		
	你很愿意参加学校、单位或社会团体组织的各种活动吗		
	你看到不相识的人遇到困难时，能主动去帮助他，或向他表示你同情与安慰的心情吗		
	你喜欢去新场所活动并结交新朋友吗		
	对一些令人讨厌的人，你常常会由于某种理由原谅他、同情他甚至帮助他吗		
	有些活动，虽然没有报酬，但你觉得这些活动对社会有好处而积极参加吗		
	你很注意你的仪容风度，这主要是为了让人产生良好的印象吗		
	大家公认你是一名勤劳踏实、愿为大家服务的人吗		
	旅途中你喜欢与人交谈吗		
	你喜欢参加各种各样的聚会吗		
	你很容易结识同性朋友吗		
	你乐于了解别人的痛苦吗		
	对于社会问题，你很少持中庸的态度吗		
	听别人谈"家中被盗"一类的事，很容易引起你的同情吗		
	你通常不喜欢一个人独处吗		
	在工作中，你喜欢听取别人的意见吗		
	和一群人在一起的时候，你经常能找到恰当的话题吗		
管理型（E）	当你有了钱后，你愿意用于投资吗		
	你常常能发现别人组织的活动的某些不足，并提出建议让他们改进吗		
	你相信如果让你去做一个个体户，一定会赚到钱吗		
	你在上学时曾经担任过某些职务（诸如班干部、课代表等）并且自认为干得不错吗		
	你有信心去说服别人接受你的观点吗		
	你对一大堆数字感到头疼吗		
	做一件事情时，你常常事先仔细考虑它的利弊得失吗		
	在有人跟你算账或讲一套理由时，你常常能换一个角度考虑，而发现其中的漏洞吗		
	你曾经渴望有机会参加探险吗		

续表

类型	内容	得分	总分
管理型（E）	你认为在管理活动中一个人的意志影响别人的行为是很必要的吗		
	如果待遇相同，你宁愿当一名商品推销员，而不愿当一名机关办事员吗		
	当你开始做一件事后，即使碰到再多的困难，你也执着地干下去吗		
	你总是主动地向别人提出自己的建议吗		
	你更喜欢自己下了赌注的比赛或游戏吗		
	和不熟悉的人交谈对你来说毫不困难吗		
	和别人谈判时，你不愿放弃自己的观点，是吗		
	在集体讨论中，你不愿保持沉默，是吗		
	你不愿意从事虽然工资少但是比较稳定的职业，是吗		
事务型（C）	你能够用一两个小时坐下来抄写一份你不感兴趣的材料吗		
	你能按领导或老师的要求尽自己的能力做好每一件事吗		
	无论填报什么表格，你都非常认真吗		
	在讨论会上，如果不少人已经讲的观点与你的不同，你就不发表自己的观点了吗		
	你常常觉得在你周围有不少人比你更有才能吗		
	你喜欢重复别人已经做过的事情而不喜欢做那些要自己动脑筋摸索着干的事吗		
	你喜欢做那些已经很习惯了的工作，同时最好这种工作责任心小一些，工作时还能聊聊天，听听歌曲吗		
	你经常将非常琐碎的事情整理好吗		
	你总留有充裕的时间去赴约会吗		
	对别人借你的和你借别人的东西，你都能记得很清楚吗		
	你喜欢经常请示上级吗		
	你喜欢按部就班地完成要做的工作吗		
	对于急躁、爱发脾气的人，你仍能以礼相待吗		
	你是一个沉静而不易动感情的人吗		
	你喜欢把一切安排得整整齐齐、井井有条吗		
	你经常收拾房间，保持房间整洁吗		
	你办事常常思前想后吗		
	每次写信你都要好好考虑，写完后至少重复看一遍吗		

如果你在某一部分的得分明显高出其他部分，说明你属于该种典型类型的人。一般说来，综合性的兴趣特征者在生活中居多数。那么，怎么确定你自己的综合特征呢？有以下四个步骤：第一步，列出得分较高的两个兴趣类型的代号（　）（　）；第二步，将得分最高的兴趣类型代号的字母填入第一空格，例如，你是现实型，则（R）（　）；第三步，再将得分较高的兴趣类型代号，从高至低依次填入空格，例如第二个特征是I，则（R）（I）；第四步，据此可知这位填表者的兴趣特征是现实研究型。然后，就可以依据这个类型代号在"36种职业兴趣类型"中进行查阅，便可知道自己的主要职业兴趣。

RR、II、SS、EE、CC为典型类型，其余是综合类型。各种类型及其相匹配的职业类型如下。

（1）典型现实型（RR）　需要进行明确的、具体的、按一定程序要求的技术性、技能性工作，如机械操作人员、电工技师、技术工人。

(2) 研究现实型（IR） 具有一定科技含量的技术、技能性工作，如：计算机编程人员、工程技术人员、质量检验人员。

(3) 艺术现实型（AR） 需要一定艺术表现的技术或技能性工作，如：雕刻、手工刺绣、家具、服装制作。

(4) 社会现实型（SR） 与人打交道较多的技术或技能性工作，如：出租汽车驾驶员、家电维修人员。

(5) 管理现实型（ER） 需要一定管理能力的技术或技能性工作，如：领航员、动物管理员。

(6) 事务现实型（CR） 事务性的技术或技能性工作，如：计算机操作人员、机械维护人员。

(7) 典型研究型（II） 需要通过观察、科学分析而进行的系统的创造性活动的科学研究工作和理论性工作，如：数学、物理等学科的研究人员、学术评论者。

(8) 现实研究型（RI） 侧重于技术或技能性的科学研究工作，如：机械、电子、化工行业的工程师、化学技师、研究室的实验人员。

(9) 艺术研究型（AI） 艺术研究方面的工作，如：文艺评论家、艺术作品编辑、艺术理论工作者。

(10) 社会研究型（SI） 社会科学研究方面的工作，如：社会学研究人员、心理学研究人员。

(11) 管理研究型（EI） 管理研究方面的工作，如：管理学科研究者、管理类刊物编辑。

(12) 事务研究型（CI） 事务性的研究工作，如：数据采集者、资料搜集人员。

(13) 典型艺术型（AA） 需要通过非系统化的、自由的活动进行艺术表现的工作，如：演员、诗人、作曲家、画家。

(14) 现实艺术型（RA） 运用现代科技较多的艺术工作，如：电视摄影师、录音师、动画制作人员。

(15) 研究艺术型（IA） 具有探索性的艺术工作，如：剧作家、时装艺术大师、工艺产品设计师。

(16) 社会艺术型（SA） 侧重于社会交流或社会问题的艺术工作，如：作家、播音员、广告设计、时装模特。

(17) 管理艺术型（EA） 具有一定管理能力的艺术工作，如：节目主持人、艺术教师、音乐指挥、导演。

(18) 事务艺术型（CA） 事务性的艺术工作，如：化妆师、花匠。

(19) 典型社会型（SS） 需要更多时间与人打交道的说服、教育和治疗工作，如：教师、公关人员、供销人员、社会活动家。

(20) 现实社会型（RS） 具有一定技术或技能的社会性工作，如：护士、职业院校教师。

(21) 研究社会型（IS） 需要进行些分析研究的社会性工作，如：医生、大学文科教师、心理咨询人员、市场调研人员、政治思想工作者。

(22) 艺术社会型（AS） 具有一定艺术性的社会工作，如：记者、律师、翻译。

(23) 管理社会型（ES） 需要一定管理能力的社会工作，如：工商行政人员、市场管理人员、公安交警。

（24）事务社会型（CS）　事务性的公益事务工作，如：环卫工作人员、工勤人员。

（25）典型管理型（EE）　需要胆略、冒风险且承担责任的活动，主要指管理、决策方面的工作，如：企业经理、金融投资者。

（26）现实管理型（RE）　具有一定技术或技能的管理性工作，如：技术经理、护士长、船长。

（27）研究管理型（IE）　需侧重于分析研究的管理工作，如：总工程师、总设计师、专利代理人。

（28）艺术管理型（AE）　与艺术有关的管理工作，如：广告经理、艺术领域的经纪人。

（29）社会管理型（SE）　与社会有关的管理工作，如：销售经理、公关经理。

（30）事务管理型（CE）　事务性的管理工作，如：办公室负责人、大堂经理、领班。

（31）典型事务型（CC）　严格按照固定的规则、方法进行重复性、习惯性的劳动，并具有一定自控能力的相关工作，如：出纳员、行政办事员、图书管理员。

（32）现实事务型（RC）　需要一定技术或技能的事务性工作，如：档案资料管理员、文印人员。

（33）研究事务型（IC）　需要经常进行一些研究分析的事务性工作，如：估价员、土地测量人员、报表制作人员、统计分析员。

（34）艺术事务型（AC）　与艺术有关的事务性工作，如：美容师、包装人员。

（35）社会事务型（SC）　需要更多时间与人打交道的事务性工作，如：售票员、营业员、接待人员、宾馆服务员。

（36）管理事务型（EC）　需要一定管理能力的事务性工作，如：机关科员、文秘人员。

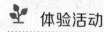

任务三

价值观探索

体验活动

生涯幻游

请你闭上眼睛，想象自己的爸妈相识、相恋到结婚，然后生下你。你渐渐地长大，能够看见你周围所发生的事：上幼儿园……小学……初中……高中……往事历历在目，一幕幕像放电影一样出现在内心的荧幕上……历经高考……你来到了大学……大学时光一闪而过……我们一起坐在时光隧道机里，来到 2027 年的世界。算一算，这时你是几岁？容貌有变化吗？你是独居还是与家人同住？结婚了吗？有没有孩子？你的职业是什么？工作固定吗？收入大约是多少？业余都参加哪些休闲活动？都和哪些朋友在一起？时间真是过得很快，一晃你的生命走到了终点。你站在自己的墓碑前，碑文上是如何描述你的一生？当你看完最后一句话时，传来了时光隧道机的鸣笛声，你重新踏上时光隧道机返回到我们的团体。现在我从10开始倒数，当我数到0的时候你就可以睁开眼睛了。

当你想象为自己撰写墓志铭，你会怎样总结自己的一生？人生没有彩排，每天都是直播。我们不能完全掌握自己的未来，但是我们可以品味过去。当我们逐渐老去，回首往昔，你会用什么样的句子总结和感慨一生呢？现在就把它写出来吧，也许这些话会让未来的你多了一份对生活的感悟、对生命的珍惜。

一、价值观的含义

价值观是指人们认识和评价客观事物、现象对自身或对社会的重要性所持有的内部标准。每个人都生活在特定的生活环境中，对现实中的一切事物都会有一定的评价，哪些是好的、可接受的、值得的，哪些是不好的、不可接受的、不值得的，这就是价值观。价值观代表了人们最基本的信念，这些信念使得人们对某些事情的认可和接受程度比对其他事情要高。价值观对个人的思想和行为具有重要的导向和调节作用，使之指向一定的目标或带有一定的倾向性。价值观是我们所信奉的价值理念，具体来说，就是你珍视什么？对你来说什么最重要？很大程度上帮助你决定事业目标以及实现目标的途径。清楚了解自己的价值观，使你有动力和愿望去实现梦想。

一个人的价值观是从刚出生开始，在家庭和社会的影响下，逐渐形成和稳定下来的。一个人所处的社会环境、家庭的经济和社会地位、父母的职业和价值观、早期的学校教育等，对其价值观具有决定性的作用。广播、电视、电影、报纸等大众媒体对价值观的影响是不可忽视的。西方学者关于价值观的研究表明，一个人的价值观一旦形成，就会相对稳定、持久，不易发生变化。但是随着时代的变迁、生活的变化，人们的某些观念也会发生改变，这就是价值观的社会属性。

价值观对人的行为和生活选择有着不可估量的影响，它在不知不觉中决定了我们选择以什么样的方式度过一生。然而，你是否清楚地意识到它们的存在呢？对自身价值观的探索，将使我们的生活更有方向感，它将有助于我们更好地回答"我是谁？""我适合做什么工作？""我的生命有什么意义？"

二、价值观与职业的关系

价值观在职业选择上的体现就是职业价值观，是人们对待职业的一种信念和态度，或是在职业生活中表现出来的一种价值取向，职业价值观可以反映出个人价值观。人们在选择职业时，个人的择业标准和对具体职业的评价集中反映了他们的职业价值观。例如，是要工作舒适轻松，还是要高标准的工资待遇？要成就一番事业，还是要安稳太平？当两者有矛盾冲突时，最终影响我们决策的是存在于内心的职业价值观，而我们有时对自己的职业价值观并不是很清楚。

职业价值观体现了一个人真正想从工作中得到什么，它决定了个体对工作的相对稳定的、内在的追求，对于个体的职业选择与发展起着方向导引及动力维持的作用。心理学家研究发现，由于受家庭环境、教育、兴趣爱好等多方面的影响，不同个体的职业价值观是不同的，而这种不同会影响人们对就业方向和具体职业岗位的选择。了解自己的职业价值观，弄清楚自己在工作中真正想要的是什么，有助于我们将自己的最强烈的需要与不同的工作性质联系在一起，最终找到适合自己的职业。

三、职业价值观测试

可以通过下面的工作描述来测试你的职业价值观。

以下测试列出了 15 个工作描述，从中选出你最感兴趣的 3 份职业，然后列出它们最吸引你的原因。

① 这是一个帮助别人的工作。以有意义的方式与公众打交道、帮助他人，从而使世界更美好，薪酬和福利与经验相匹配。

② 做自己的事！这是一份处理抽象概念、富有创意的工作。无论是独立做事还是团队合作，都可以标新立异，享受弹性工作制。

③ 你想寻找需要有责任心的职位吗？行政助理就是这样的职位。依据职位进行教育和培训，根据经验和积极性定酬，工作福利包括工资薪酬和表彰奖励。

④ 这是一个有固定年薪，并且安全稳定的公司职位。一般职位的最低学历要求是高中毕业。薪酬高一些的职位要求有大学教育或职业培训经历。保证逐年加薪以及良好的退休待遇。

⑤ 你正在寻找能够激发智力、需要研究与思考和解决问题的工作吗？你喜欢与理论概念打交道吗？这样的工作需要不断更新信息和处理新思维的能力，这是一个给富有创意、聪明过人的求职者的机会。

⑥ 我们正在寻找一位不平凡的人！这项工作适于敢于冒险、大胆的人。这项工作需要你具有处理惊险任务的能力，所以良好健康的体魄是必要的。还有，你必须愿意旅行。

⑦ 你正在寻找一个理想的工作场所吗？想要一个善良友好、轻松愉快的气氛吗？这是一个与你喜欢的人打交道的工作机会，还有一点很重要，就是他们也很喜欢你。每位同事都是与你意气相投的朋友，工资和福利取决于你的培训和经验。

⑧ 在一个成立不久并快速发展的公司里工作。在这里，你有很大的晋升机会，虽然起薪低，但你只要合格，就有可能迅速晋升为中层管理人员。到了这个职位，你就会有更多进一步发展的机会和空间，唯一能限制你的是你自己的能力和主动性。薪酬及福利随着你的职位晋升不断增长。

⑨ 自主创业，工作条件自主决定，工作时间灵活自如。你可以选择你自己的团队，也可以独自工作。工资完全根据你投入的精力而定。

⑩ 从底层做起，不断升职，最终你有可能成为公司的总裁。你应该有边工作边学习的能力。根据你的工作质量和生产率，你将会迅速得到升迁，而且由于出色的工作，你会得到重用，工资根据你的升迁速度而递增。

⑪ 你喜欢指挥和领导别人吗？这项工作需要你管理员工、维持生产、协调团队、指导及评估工作。工作职责中也包括雇佣和解雇人员。

⑫ 这是获得高收入的绝佳机会！工资、开支账户、股票期权、支付额外工作的收入、年终奖金等所有福利由公司支付。这是一份高回报的工作。

⑬ 你是否厌倦了沉闷的循规蹈矩的工作？在这里，你可以尝试许多新任务，结识许多

新朋友。在不同的情形下工作，你可以成为一名万事通。

⑭ 你想放弃办公室的工作吗？这项工作需要轻松活泼的运动，适合那些享受体能训练的活跃人士。

⑮ 你拥有在工作的所有阶段充分表达自己信念的机会。你能把自己的生活方式融入其中。

列出 3 个工作描述，写出每个工作最吸引你的原因。然后看看它们分别代表了什么样的工作？

职业价值观测试的答案见表 2-4 所示。

表 2-4 职业价值观测试答案

工作编号	职业价值观	职位名称（举例）
①	帮助别人	社会工作者、教师、辅导员、教练
②	创新	作家、艺术家、平面设计师、动画师、设计师
③	社会威望	执行官、政治家、医生、警察、律师
④	安全感	教育工作者、政府官员、行政助理
⑤	智慧	研究员、数学家、科学家
⑥	冒险	考古学家、消防员、私家侦探
⑦	人际关系	教育家、导游、公关
⑧	提升	经理、工程师
⑨	独立	景观艺术家、合同工人、顾问、企业家
⑩	生产力	销售代表、职员、记录员、飞行员
⑪	权势	经理、团队领导、公司总裁
⑫	经济报酬	股票经纪人、会计师、房地产开发商
⑬	多样化	电工、水管工、律师、自由编辑
⑭	体力活动	体能教练、体育老师、建筑工人、公园管理员
⑮	生活方式	指导顾问、咨询师

课堂活动

职业价值拍卖

职业价值拍卖法：这是在大约 10 人的小团体中进行的团辅活动。假定团体中的每一个人都拥有一定数额的生命单位，在考虑自我需要等多方面因素后，每人对涉及的职业价值种类分别投资一定的单位数量来进行竞拍。

人数：6~10 人，一个小组。

时间：半小时。

要求：按照一般的正式拍卖程序进行标购活动。先由小组推举一名拍卖主持人（主持人也可参加标购），接着即依表上所列项目逐一进行拍卖，个人依照原先预定投资的单位数出价与他人竞标，以出价最先最高者购得，将拍卖结果登记下来。

指导语：假定你拥有 1000 个生命单位（代表个人可自由投注于工作的所有时间、精力、财力的总和），你在考虑自我需要等多方面因素后，对涉及的职业价值因子分别投资一定的单位数量（不一定每一个项目都要投资，但若决定投资某一个项目，则不得少于 50 个单位，总数不得超过 1000 个单位）。

正式开始拍卖前，你有 5 分钟的时间来思考想要购买的拍卖物顺序以及愿意出的最高价格，并把预算填入表 2-5，拍卖结束后填入实际购买所用的生命单位数量。

表 2-5　价值项目

职业价值	利他主义	美的追求	创造发明	智力激发	独立自主	成就满足	声望地位	管理权力	经济报酬	安全稳定	工作环境	上司关系	同事关系	多样变化	生活方式
预算															
购得															

15 个价值项目逐一拍卖完成后，各组成员可针对下列问题共同分享经验与感受：所购得的是否为原先预定自认为是重要的项目？若未能购得希望的项目，有何感想？在实际生活中，与他人竞争的情况与这一活动有何异同之处？在活动过程中，成员间相互影响的情形如何？竞争的情境对个人造成何种影响？

在探寻完我们个人的价值观之后，也需要将个人价值观同社会价值观在一定程度上相结合。既要知道我们自己"想要什么"，也要符合社会"需要什么"。人，是社会的人，不可能离开社会而单独存在，社会价值是实现个人价值的基础，没有社会价值，人生的自我价值就无法实现。一个人的活动不仅要满足自我需要的价值，也必然包含着满足社会需要的价值。

任务四

能力探索

"你有什么样的能力？"是每一个人在求职时都要面对的问题，不管这个问题是不是直截了当地被表达出来。能力是用人单位最关心的问题，也是我们最需要证明的问题。发现、培养和表现自己的能力，从而在劳动力市场中拥有竞争力，对大学生来说是非常关键的。

一、能力的含义及分类

1. 能力的含义

能力是人们成功完成某种活动所必需的个性心理特征，"必需"意味着如果不具备一定的能力，相关的活动就无法进行。还有其他一些个性心理特征也会影响活动的进行，如气质、性格，但它们不是必要条件，它们的作用在于使不同个体的活动带有各自独特的色彩。

在日常生活中，我们也许会把技能与能力混淆在一起，但是在心理学中，这两者是有区别的。技能是指掌握和运用专门技术的本领，是后天经过学习和练习发展起来的能力，用来形容技能的词汇有精通、熟练，等等。职业咨询师辛迪尼·梵和理查德·鲍尔斯把技能分成三个基本类别：功能性或称可迁移性技能（用动词来表示，如分析、说明），专业知识技能（用名词来表示，如心理学知识、工作信息）和适应性技能（描述人的自我管理特征，如怎样与人相处、怎样解决问题）。

当一个人的能力和工作的要求相匹配时，最容易发挥自己的潜能，并且获得一种满足的感觉。相反，当一个人去做自己力所不及的工作时，就会感到焦虑，甚至产生挫败感。而当一个人能力超出工作要求太多时，又容易感到工作缺乏挑战，比较乏味。因此，在选择职业时，我们同样要寻求个人能力与职业技能要求的适配。我们需要清楚能力有哪些分类，从而清楚自己具备什么样的能力、职业又要求什么样的能力。

2. 能力的分类

能力按照其获得的方式（先天具有与后天培养），可以分为能力倾向和技能两大类。

（1）能力倾向　能力倾向是指上天赋予每个人的特殊才能，如音乐、运动能力等。它是与生俱来的，不过也有可能因未被开发而荒废，因此，这是一种潜能。例如，在中国14亿人中，虽然不是每个人都能像刘翔一样跑得那么快，但一定有一些人同样具备像刘翔那么好的节奏感和身体的协调能力，只是他们没有机会去发展这方面的天赋。遗传、环境和文化都可以影响到天赋的发展。

（2）技能　技能是指经过后天学习和练习培养而形成的能力，如阅读能力、人际交往能力、表达能力等。在个人成长的过程中，从什么也不会做的小婴儿到一个生活自理、能够看、听、说、阅读、写字的普通成年人，其实我们每个人都已经学会了无数的技能。

在现实生活中，个人的能力水平往往是能力倾向和技能两方面的结果。例如，刘翔取得跨栏比赛的奥运会冠军，这中间既有他先天良好的个人身体素质的原因，也离不开他后天勤奋刻苦的技能训练。但同时，我们要注意不要将两者混为一谈。我们常常会听到某人说"我这方面的能力不行"，是真的不具备这方面的天赋，还是由于缺乏机会培养和练习？事实上，像人际交往能力、沟通能力等，主要有赖后天的练习。许多人际交往技能不佳的人，往往是由于其在青少年时期家庭教育不当、只注重学习成绩而不注重其他技能的培养造成的。在成年以后，他们可以通过听讲座、看书、向人请教乃至心理咨询等方式提高自己在这些方面的技能。正如古话所讲的"勤能补拙"，先天的不足可以通过后天的努力得到弥补。邓亚萍，虽然作为乒乓球运动员的先天条件并不好，但通过后天的刻苦训练还是取得了优异的成绩。其实，每个人都有无限的学习、成长的能力，但许多人成年以后就开始故步自封了。我们如果像孩子一样地勇于、勤于学习，并且不怕失败和挫折，那么很多技能是可以通过练习而获得的。

与能力相关的还有一个重要概念，就是自我效能感。所谓自我效能感，是指个人对自己的能力，以及运用该能力将得到何种结果所持的信心或把握程度。研究发现，在实际生活和工作中，对个人行为起决定作用的往往不是个人实际能力的高低，而是个人的自我效能感。一份关于男女薪酬差异的调查指出：两性在薪酬上的差异部分来自女性的数学水平普遍低于男性，通常薪酬高的职业会要求比较高的数学能力。女性在数学学习上的弱势并非由于女性天生不擅长学习数学，更主要的原因是相对男性而言，女性对学习数学的能力缺乏信心而导致其在该科目上花更少的时间。

同样，成人学习人际交往技能或学习英语并不比孩子学走路或学说中文更难，唯一的区别可能只在于：我们从来不会认为有哪一个孩子学不会走路或说中文，但我们却常常怀疑自己能否学会与人交往或娴熟地使用英语。在心理咨询中，我们也常见到有的人本来能力很不错，也得到他人的很多肯定，却由于自卑而束缚了自己，做事畏首畏尾，不能充分发挥自己的才能。这些都充分说明自我效能感对个人发展的影响。

二、能力倾向的分类

关于人的天赋，传统的智力理论通常以语言能力和数理逻辑能力为整体评判的标准，也就是人们常说的智商。1983年，美国哈佛大学教授、发展心理学家加德纳提出了多元智力论。他认为，智力是多元的，由同样重要的多种能力而不是一两种核心能力构成，而且各种能力不是以整合的形式存在，而是以相对独立的形式表现出来。他的研究表明，人类至少有七种不同的智能：言语——语言智力、逻辑——数理智力、视觉——空间智力、音乐——节奏智力、身体——动觉智力、交往——交流智力和自知——自省智力（图2-2）。这七种智力在个人的智力结构中处于同等重要的地位，每个人都同时拥有这七种智力，但它们在每个人身上以不同的方式、不同的程度组合，从而使得每个人的智力各具特点。例如，我们很难在爱因斯坦、贝多芬、达·芬奇这些在各自领域作出杰出贡献的著名人物之间比较谁更聪明。我们只能说他们各自在不同的领域，以不同的表现方式，将自己天生的聪明才智发挥到了极致。

图 2-2 多元智力图

从这个意义上说，加德纳的多元智力理论告诉我们：对于世界上的每一个人来说，不存在谁更聪明的问题，只存在不同个体在哪个方面聪明的问题。每个人都是独特的。如果个人能将自己独特的天赋充分发挥出来，那么每个人都是出色的。

三、技能的分类

对个人技能的认识，建立在对技能分类的了解上。辛迪·梵和理查德·鲍尔斯将技能分为三种类型：知识技能、自我管理技能和可迁移技能（或称通用技能）。通常人们比较容易想到自己所具有的知识技能，但实际上后两种技能更为重要。它们使我们有可能不局限于自己所学的专业，可以在更广的范围内选择职业；它们对于我们在竞争中胜出具有关键性的作用，并且使我们能够在工作中得以更长久地发展；而用人单位对它们的重视程度，也往往超过了对单纯知识技能的重视。

1. 知识技能

知识技能是指那些需要通过教育或者培训才能获得的特别的知识或能力，也就是个人所学习的科目、所懂得的知识。例如，你是否掌握外语、电脑编程或化学基础知识等？知识技能一般用名词来表示。

知识技能不可迁移，也就是说，它们是一些特殊的语汇、程序和学科内容，必须经过有意识的、专门的培训才能掌握，它们常常与我们的专业学习或工作内容直接相关。正因为如此，许多大学生由于不喜欢自己的专业，在找工作时往往陷入两难的境地：一方面，他们认为找工作必须"专业对口"，但是又不喜欢自己的专业，不想将之作为从事一生的职业；另一方面，如果"专业不对口"，自己不是"科班出身"，则担心自己与专业出身的应聘者相比缺乏竞争力，甚至觉得很难跨越专业的鸿沟。

事实上，知识技能并非只有通过正式的专业教育才能获得。除了学校课程，课外培训、专业会议、讲座、研讨会、自学、资格认证考试等方式都可以帮助个人获得知识技能。此外，很多公司也为新员工提供相关的上岗培训。例如，某著名的会计师事务所在对新员工进行培训时，第一年主要针对非专业学生补充财会基础知识。由此可见，即使是一些专业要求较高的职业如会计师等，其专业技能也可以在就职后的培训中获得。

实际上，越是大公司，越是看重个人的综合素质。因此，如果想从事本专业之外的工作而又不愿或不能重新选修一个专业的话，仍然有许多途径可以帮助我们获得相关的知识技能。在招聘中，专业知识技能绝对不是用人机构所重视的唯一参考条件。当前现存的状况是知识技能的重要性被夸大，以至于许多学生在校内选修很多的课程、在校外参加各种培训班并考取一大堆认证。他们在简历上以大篇幅列举自己的学习成绩、获得的证书、拿到一等奖学金等所有这一切，都只证明了个人的知识技能。殊不知一大堆互不相干的知识技能堆砌在简历上，只能给人以庞杂的感觉，不能让招聘人员明白它们与所要应聘的职位之间有多大关系。实际上，所有得到面试机会的人，应该说其简历上表述的知识技能都已基本达到了应聘职位的要求（当然，这一点还需要在面试中加以审核）。而进入最后一轮面试的人，实际上都是能够胜任该职位专业技能要求的人。最终使人获得工作机会，并在工作中能够长久发展的，以自我管理技能和可迁移技能为主。

2. 自我管理技能

自我管理技能经常被看作个性品质而非技能，因为它们被用来描述或说明人具有的某些特征。它涉及个体在不同的环境下如何管理自己：是勇于创新还是循规蹈矩，是认真还是敷衍了事，能否在压力下保持镇定，是否对工作有热情，是否自信，等等。

良好的自我管理技能能够帮助个体更好地适应周围的环境、应对工作中出现的问题，因此它也被称为"适应性技能"。一个人是如何使用自己的专业知识、以什么样的态度从事工作的，这甚至比工作内容本身更为重要。正是这样一些品质和态度，将个人与许多其他具有相同知识技能的候选人区别开来最终得到一份工作，并能够适应新的环境和规则，在工作中取得成就，获得加薪和晋升的机会。因此，有人称它们为"成功所需要的品质、个人最有价值的资产"。

事实上，人们被解雇或离职更多的时候是因为缺乏自我管理技能，而不是因为缺乏专业能力。在用人单位对刚毕业大学生的意见中，经常听到的就是"缺少敬业精神、没有服务意识、眼高手低、不认真不踏实、没有主动进取精神"等，而这些都是与自我管理技能相关的。很多大学生因为从小受到父母、老师的呵护，缺乏这方面的意识，在处理工作问题和人际关系上往往显得不成熟、以自我为中心。他们没有认识到：企业要求员工是成熟、能负责、能独立解决问题的成年人。可以说，在大学生从校园走向社会之前，培养良好的自我管理技能，学会如何为人处世，是至关重要的。

自我管理技能无论是一个人先天具有的还是后天习得的，都需要练习。它们可以从非工作（生活）领域迁移转换到工作领域。也就是说，耐心、负责、热情、敏捷这些技能并不是通过专门的课程学习到的，而是在日常生活中随时随地进行培养。例如，一位同学回顾自己的实习经历时写道："这段经历为我毕业后进入社会做了良好的准备。在这次实习中，我懂得了在工作中不仅要具备良好的知识技能，还要具备良好的社交能力，才能在工作中营造出和谐的工作氛围。在工作中要积极主动，要虚心地向同事、前辈请教；要知难而上，不能遇到一点困难就放弃；要严格要求自己，不为自己的失职找借口；平时要和同事多多交流，和谐相处。"

3. 可迁移技能

可迁移技能就是一个人会做的事，例如教学、组织、说服、设计、安装、帮助、计算、考察、分析、搜索、决策、维修等。

可迁移技能的特征是它们可以从生活中的方方面面，特别是工作之外得到发展，却可以迁移应用于不同的工作之中。如果在宿舍里发生大家争用电话的矛盾时，宿舍长可以组织室友们一起开会讨论，协商解决如何合理使用电话的问题。在这里，就用到了组织、商讨、问题解决、管理等重要的可迁移技能。几乎在所有的工作中，或多或少地会用到这些技能，因此，可迁移技能也被称为通用技能。

基于这样的原因，可迁移技能也是个人最能持续运用和最能够依靠的技能。当今的时代越来越强调"终身学习"。与知识技能相比，可迁移技能无所谓更新换代，而且不论你的需求和工作环境有什么样的变化，它们都能得到应用。随着我们工作经验和生活阅历的增加，可迁移技能还会得到不断发展。索尼技术中心会计部经理曾说："我在聘用一个人时，最为看重的是他的人际沟通能力。这项能力极其重要，因为必须有能力与人交谈才能获得需要的信息。……我把80%的时间用在与索尼其他部门打交道上，我的员工也花费大量时间与本部门之外的人打交道。"

事实上，知识技能的运用也是建立在可迁移技能基础之上。举例来说，你的知识技能也许是动物学，但你将怎样运用它呢？是"教授"动物学，还是当宠物医生"治疗"宠物，或是"撰写"科普文章宣传爱护野生动物，抑或在流浪小动物协会帮助"照料"小动物？这些加引号的词都是可迁移技能。你以前可能没有正式当过教师，但是通过当家教、在课堂上汇报讲解小组科研项目等经历，你已经具备了"教学"的技能。当你把"教学"技能与"动物学"知识结合在一起时，你就可以去应聘相关的职位了。

从这个意义上说，在求职的时候，尽管你从来没有从事过某个职务，但只要你实际上具备这个职务所要求的种种技能，你就可以证明自己有资格去从事它。因此，如果你并不是科班出身，仍然有可能跨专业从事你想从事的职业，尤其是那些对知识技能要求并不是很高而对可迁移技能要求高的职业。也许你并不是营销专业的学生，但凭着良好的人际交往技能，你曾经担任过某杂志的校园代理，并在地区销售评比中取得过第二名的好成绩。从可迁移技能的角度看，这样的经历足以使你成功应聘一个公司的销售员职位。

学习文学、历史、哲学等人文专业的学生常常感到苦恼，因为他们所学的专业似乎不如计算机、建筑、机械等理工科的专业实用。事实上，人文专业的学习除了使他们具备一些专业知识外，也使他们掌握了许多可迁移技能，例如：沟通技能（在课堂上有效地倾听、小组讨论、写论文）、问题解决技能（分析和抽象思维、找出同一问题不同的解决方案、说服他人按既定的方案行动）、人际关系技能（与同学合作完成老师布置的任务、与宿舍的同学相处）、研究技能（搜索数据库或检索书面参考资料、发现和形成主题、收集和分析数据、调查问题），等等。

现实中，大学生就业难在一定程度上也与此有关系。因为大学生在校时往往更重视专业知识的学习，而忽视自我管理技能和可迁移技能的培养。事实上，作为接受过国家正规高等教育的合格大学生，就专业知识而言，都应该能够达到工作的要求。从用人单位对大学生的反馈中，我们可以看出：大学生们通常不乏知识技能，但常常缺少敬业精神、沟通能力等自我管理技能和可迁移技能。因此，大学生在校期间，一定要在学好专业知识的基础上，加强对自我管理技能和可迁移技能的培养。

需要注意的是，技能的组合更为重要。通常我们所说的"复合型人才"，正是指具有不同知识技能的人。技能的组合使得我们在人才市场上更具有竞争力，也更有可能将工作完成好。例如，如今懂英语的人很多，但既精通英语又精通建筑专业知识的人就不那么多了，而在大型中外合作建设工程中，非常需要能与外国专家进行良好沟通的专业人才。再如，一个辅修平面设计专业的心理系学生，更有可能在进行设计工作时运用自己的消费心理学知识与客户进行充分的沟通，令客户更加满意。从这个角度来说，不论你现在学习的专业是否是你所喜爱的，或是你将来要从事的，你从中获得的专业知识在某个时候就有可能派上用场。甚至一些并非你所学专业的看上去似乎并不那么起眼的知识，都有可能使你在面试的时候显得与众不同、比他人略胜一筹。

四、技能的识别方式

社会上的职业很多，各种职业对人的能力要求也是各不相同，而人的能力也存在很大的个体差异。因此，如果我们能对自己的职业能力做出恰当的评价，就可以结合自己的职业兴趣，选择适合自己的职业，并在选定的职业中充分施展自己的才华和优势。技能的识别方式有以下几种。

（1）可衡量的业绩　如果取得的业绩要普遍高于一般的人，说明在这方面有较为突出的能力，可以对业绩背后的能力做一总结。例如某个同学通过英语 6 级考试，并取得优秀成绩，这说明她的外语能力比较好。

（2）来自他人的认可与称赞　他人是认识自我的很好途径。可以向周围熟悉自己的人询问，看看他们对自己能力的看法，通过几个人的反馈然后进行归纳总结。

（3）通过 PAR 法来发现自己的成就　PAR 法经常用于行为面试中，用来考查应聘者的能力。主要通过对自己具体经历的回顾来分析。其分析方法主要围绕以下三个问题：你遇到什么问题（Problem）？你采取了什么行动（Action）来解决问题？你的行动取得了什么样的有益结果（Result）？

（4）撰写你的成就故事　回忆一下自己取得的成就，也就是那些自己做过的自认为比较成功或是感觉很不错的事情。这些事件不一定是工作上或学业上的，它们可以是课外活动、家庭生活中发生的。成就也不一定都是惊天动地的大事，它也可能是悄无声息的。例如：筹划了一次同学聚会，为家人出谋划策，修理好某个电器装置，及时地帮助他人，等等。只要它们同时符合以下两条标准，它们就可以被视为"成就"：你喜欢做这件事时体验到的感受；你为完成它所带来的结果感到自豪。

首先，记录下生活中令你有成就感的具体事件，然后对其进行分析，看看你在其中使用了哪些技能（尤其是可迁移技能）。理想的情况下，可以写 7 个故事，并在三人小组中逐一进行分析讨论。最后看一看在这些故事中是否有重复出现的技能，那么它们就是你喜爱施展也擅长的技能。将这些技能按优先次序进行排列。

在撰写成就故事时，每一个故事都应当包含以下要素：①你想达到的目标，即需要完成的事情。②面临的障碍、限制、困难。③你的具体行动步骤，你是如何一步步克服障碍达成目标的？④对结果的描述，你取得了什么成就？⑤对结果的量化评估，可以证明你成就的任何衡量方法或数量。

（5）技能评估确认　在以下你乐于运用（尽管你不擅长）的项目上画"○"，在那些你特别擅长的技能上画"√"，在你从未使用过的技能上画"×"，在想要开发的技能上画"—"。

在完成以上的步骤之后，回顾一下画有"○"和"√"的技能，这些是你自发的技能。这些技能代表你的强项，而且很有可能是给你带来满足感的，如果你在工作中尽可能地使用这些技能，并且不断地发现新的方法来使用它们，你将从工作中体会到快乐和满足感。

从以下技能选项中找出 5 个你最感兴趣和想要发展的技能。思考一下发展这些技能的方法，例如：参加某些课程或训练班、参加实习、参加社团活动，以及自我学习等。

文员技能
——检查　　　——评估　　　——档案　　　——开发
——改进　　　——记录　　　——校对　　　——计算
——建议　　　——跟踪事件　——记账　　　——打字
——抄写　　　——检索　　　——安排　　　——系统
——制表　　　——复印　　　——合作　　　——分类
——回复　　　——组织　　　——购买　　　——接待
——解决问题

技术性技能
——财务　　　——评估　　　——计算　　　——调整
——校准　　　——观察　　　——核证　　　——制图

——设计　　　　　——准备说明书　　——检验　　　　　——解决问题
——创造　　　　　——细节　　　　　——重建　　　　　——文件审读
——修改　　　　　——合成　　　　　——构造　　　　　——解决
——提炼加工　　　——理解说明书

公共关系技能
——计划　　　　　——指挥　　　　　——通知　　　　　——咨询
——写作　　　　　——研究　　　　　——代表　　　　　——谈判
——合作　　　　　——沟通　　　　　——推广　　　　　——说明
——主持　　　　　——接待　　　　　——调解　　　　　——表演
——赞助　　　　　——招聘　　　　　——演示　　　　　——创造
——解决问题

农业技能
——检查　　　　　——成本核算　　　——技术推广　　　——栽培
——组装　　　　　——解决问题　　　——设计　　　　　——日程安排
——演示　　　　　——评估　　　　　——预测　　　　　——诊断
——修理　　　　　——清洁　　　　　——搬运　　　　　——建筑
——操作

销售技能
——联系　　　　　——说服　　　　　——文件审读　　　——检查
——通知　　　　　——推广　　　　　——定位　　　　　——影响
——证明　　　　　——比对　　　　　——区分　　　　　——说明演示
——询问　　　　　——签约　　　　　——成本核算　　　——谈判
——沟通　　　　　——计算　　　　　——提供咨询建议　——起草合同
——推荐　　　　　——解决问题

维护保洁技能
——操作　　　　　——修理　　　　　——维护　　　　　——拆卸
——调整　　　　　——清扫　　　　　——采购　　　　　——攀高
——提升（物品）　——组装　　　　　——解决问题　　　——设计
——日程安排　　　——演示　　　　　——检查　　　　　——评估
——预测

管理技能
——计划　　　　　——组织　　　　　——日程安排　　　——分配工作
——指派　　　　　——指示　　　　　——聘用　　　　　——测评
——行政管理　　　——指挥　　　　　——控制　　　　　——协调
——指导　　　　　——授权　　　　　——创意　　　　　——制度化、规范化
——监管　　　　　——谈判　　　　　——决策　　　　　——团队建设
——概括　　　　　——解决问题

沟通技能
- ——说理
- ——倾听
- ——讲演
- ——合作
- ——组合
- ——表达

- ——组织
- ——解释
- ——编辑
- ——演示
- ——融合
- ——说明

- ——定义
- ——说明
- ——指导
- ——程序化
- ——连接
- ——翻译

- ——写作
- ——阅读
- ——面试
- ——起草建议
- ——概括
- ——解决问题

研究技能
- ——发现和识别
- ——写作
- ——设计
- ——评估
- ——合作
- ——解决问题

- ——面试
- ——诊断
- ——理论概括
- ——调查
- ——演示

- ——询问
- ——综合
- ——试验
- ——概括
- ——分析

- ——合成
- ——审读、回顾
- ——建立、运用公式
- ——沟通
- ——仔细推敲琢磨

财务技能
- ——计算
- ——会计
- ——成本核算
- ——检查

- ——预测
- ——按流程处理
- ——预算
- ——杠杆作用

- ——财务计划
- ——计算机
- ——比较
- ——核实

- ——发现和确认
- ——互相关联
- ——归纳
- ——解决问题

手工技能
- ——操作
- ——驾驶
- ——绘图
- ——建筑

- ——监控
- ——切割
- ——检查
- ——创造

- ——控制
- ——组装
- ——程序
- ——修理

- ——准备
- ——草图
- ——列表
- ——解决问题

服务技能
- ——咨询顾问
- ——协调
- ——推动促进
- ——说服
- ——修改
- ——演示

- ——导引
- ——教授
- ——监控
- ——评估
- ——调解
- ——解决问题

- ——引领
- ——答复
- ——融合
- ——总结
- ——鼓励

- ——倾听
- ——合作
- ——激励
- ——计划
- ——签合同

个人品质
- ——适应性
- ——雄心
- ——自信
- ——直率
- ——谨慎
- ——热情

- ——冒险精神
- ——果断
- ——明智
- ——可依赖
- ——主导
- ——灵活

- ——进取性
- ——镇静
- ——创造性
- ——坚定
- ——高效
- ——有力量

- ——反应敏捷
- ——能干
- ——合作
- ——圆通
- ——精力旺盛
- ——坦白

——理想主义　　——首创　　——创新　　——逻辑
——忠诚　　——做事讲究方法　　——客观　　——乐观
——有条理　　——耐心　　——执着　　——实用
——精细　　——平静　　——现实　　——足智多谋
——敢于承担风险　　——自强自立　　——敏感　　——严谨
——真诚　　——成熟老练　　——顽强　　——多才多艺

感悟与训练

一、兴趣探索练习

回答下面的问题，并将答案写下来。

1. 我的白日梦：请列举出三种你现在或曾经非常感兴趣的职业（摒除所有现实的考虑）。这些工作中的哪些特征吸引你？

2. 我们生活中都有过一些时刻，因为专注于工作可能忘记了休息。如果这种事情发生在你身上，会是什么工作让你如此全神贯注废寝忘食？

3. 你喜欢阅读什么类型的杂志？如果你正在书店里浏览，你倾向于停留在书店的哪类书架前？真正令你着迷的是哪方面的书籍？

4. 你喜欢浏览什么网站或网站的哪个板块？这些网站属于哪个专业范畴？哪些网站真正令你着迷？

5. 如果你正看电视，你会选择哪类节目？为什么喜欢它（们）？

6. 从小到大你担任过哪些职务？你喜欢的是哪些？不喜欢的是哪些？请具体说明原因。

7. 你最崇拜（敬佩）的人是谁？他（她）对你产生了什么影响？你和他（她）最相像的地方是哪里？最不相像的是什么地方？

8. 以上问题让你从中看到了哪些共同点？思考下这些特点和霍兰德职业兴趣类型中的哪些类型相对应？

二、你的 MBTI 偏好类型

1. 根据 MBTI 维度解释和 MBTI 16 种性格类型及其通常具有的特征的描述，写下最能描述你自己的语句。

2. 写下你的 MBTI 类型建议你考虑的职业。

三、你的霍兰德职业类型

1. 请根据霍兰德职业兴趣类型和职业兴趣测试报告中对六种类型的描述，列出最能描述自己的语句。

2. 根据你的兴趣探索结果，列出至少 10 种与你的霍兰德职业类型相对应（或近似）的职业。

四、你的职业价值观探索

在以下的职业价值观中选出你最看重的五项职业价值观，并请具体说明达到什么样的水平才能让你拥有成就感。

收入高、福利好、工作稳定、工作环境好、符合家庭需求或期望、不经常出差和加班、休闲时间充分、工作中人际关系和谐、工作内容符合兴趣爱好、工作压力不大、能发挥自己的才能、自主性大、提供培训、继续教育等机会、能够胜任、工作内容具有一定挑战性、工作机会均等、公平竞争、工作内容多样丰富、单位知名度高、晋升机会多、单位规模大、单位在大城市、较高社会地位、容易成为该领域专家、能够助人、为社会贡献、其他（同学们认为重要的职业价值观）。

1.
2.
3.
4.
5.

五、你的技能探索

1. 写出你最重要的五项专业知识技能（名词）。

2. 写出你最重要的五项可迁移技能（动词）。

3. 写出你最重要的五项自我管理技能（形容词或副词）。

项目三

职业探索

📚 名言警句

工作就是人生的价值,人生的快乐,也是幸福之所在。

——罗丹

📖 引导案例

小李的困惑

小李,某高校国际商务专业的学生。临近毕业,她对就业、职业生涯等问题感到困惑和迷茫,于是来到职业咨询中心向老师求助。据了解,她所学的专业是根据自己的意愿选择的,但是她对毕业后除了能做外贸销售人、外贸跟单、商检与报关实务外,还有什么工作可以选择?外贸销售人员、外贸跟单员等职业的具体情况如何,需要什么技能?与外贸相关的工作环境是怎样的?很多人说国际商务专业是万金油专业,哪个公司都需要,真实情况是这样的吗?要想在求职竞争中脱颖而出,需要具备哪些知识或技能?小李带着这些问题向老师咨询。

小李的困惑也反映了部分在校生的困惑,因为对工作世界的不了解使其在进行职业规划或求职时产生困扰,难以决策而陷入被动,所以学习对工作世界的探索和了解可以帮助大学生更为主动地把握个人生涯的发展。

✈️ 教学目标

探索职业与专业的内在关系,能够利用多种方法探索工作世界。

⚙️ 任务一

认识职业的含义与特征

职业实现了劳动者与生产资料的结合,体现了人与人的社会关系。人们通过职业活动为个人和社会创造了财富，不仅满足了自身的需要，而且通过各种劳动成果的交换，满足了彼此的需要和社会的需要。因此，职业及职业活动对于个人和社会都有非常重要的意义。

一、职业的含义

1. 职业的定义

职业是参与社会分工，利用专门的知识和技能，为社会创造物质财富和精神财富，获取合理报酬，作为物质生活来源，并满足精神需求的工作。

可以说，职业与人类的需求和职业结构相关，强调社会分工；职业与职业的内在属性相关，强调利用专门的知识和技能；职业与社会伦理相关，强调创造物质财富和精神财富，获得合理报酬。

2. 职位、工作和职业的关系

职位，是指人们在机关、部队和企事业单位中的具体工作岗位及其所处的地位。职位是具体工作任务、责任和权利、利益构成的统一体。

从职业与职位的概念来看，二者既区别又有联系。联系表现在，职位是职业划分的基础。一般而言，有职业就有职位划分的存在，职位是对职业的数量定位。区别体现在，职业是一种社会劳动，职位是具体的工作岗位；从社会需求来看，职业无等级和贵贱之分，但职位有高低之别，如"高校教师"这一职业，按职位高低划分为教授、副教授、讲师、助教和员级岗位。同一个职业通常会有多个职位。

工作，是由一系列相似的职位所组成的一个特定的专业领域，它与分配给个人的一系列具体任务直接相关。在日常生活中可以理解为"干活"。

二、职业的特征

1. 社会性

职业是劳动者所获取的为满足社会需求的一种分工角色，具有社会性特征。每一种职业必须有一定的从业人数，职业与职业之间相互联系、相辅相成。

2. 规范性

职业的规范性应该包含两层含义：一是指职业内部规范操作的要求性；二是指职业道德的规范性。不同的职业在其劳动过程中都有一定的操作规范性，这是保证职业活动的专业性要求。当不同职业在对外展现其服务时，还存在一个伦理范畴的规范性，即职业道德。

3. 功利性

也叫职业的经济性，是指职业作为人们赖以谋生的劳动过程中所具有的逐利性。职业活动中既满足职业者自己的需要，同时也满足社会的需要，只有把职业的个人功利性与社会功利性相结合，职业活动及其职业生涯才具有生命力和意义。

4. 同一性

某一类别的职业内部，其劳动条件、工作对象、生产工具、操作内容相同或相近。由于环境的同一，人们会形成同一的行为模式，有共同的语言习惯和道德规范。基于此，才形成了诸如行业工会、行业联合体等社会组织。

5. 差异性

不同职业间存在着很大的差异,劳动条件、工作对象、工作性质等都不同,随着社会的进步、经济体制的改革,新的职业如经纪人等还会不断涌现,各种职业间的差异也会不断变化。

6. 层次性

从社会需要来看,职业并没有高低贵贱之分,但是,现实生活中由于从事职业的素质要求不同以及人们对职业的看法或舆论的评价不同,职业便有了层次之分。这种职业的不同层次往往是由于不同职业对体力、脑力劳动的付出,收入水平,工作任务的轻重,社会声望,权力地位等因素决定的。

7. 时代性

职业的时代性指由于科学技术的变化,人们的生活方式、习惯等因素的变化导致职业打上那个时代的烙印,不同时代有不同的热门职业。从"当兵热""从政热""高考热"到"考研热""外企热"等,都反映出特定时期人们对某种职业的热衷程度。

三、社会劳动分工的三个层次

社会劳动分工包括三个层次:产业、行业和职业分工。产业、行业和职业是社会分工的产物。产业是国民经济中最基本的分类,产业的着眼点是生产力宏观布局。行业是根据单位所使用加工的原料、所生产的物品或提供的服务不同来表示的社会分工类别,表明就业者所在单位的性质。职业是以劳动者所从事的工作性质的同一性进行分类的。

产业、行业和职业的不同之处是它们在国民经济领域中,从着眼点的层次上是由高到低,从概念涉及的范围上是由大到小。产业的着眼点是生产力布局的宏观领域,体现的是以产业为单位的生产力布局上的社会分工,产业由行业组成。行业的着眼点是企业或组织生产产品的微观领域,体现的是以行业为单位的产品生产上的社会分工,行业由企业或组织组成。职业的着眼点是组织内工作人员的具体工种,体现的是以人为单位的劳动技能上的社会分工,职业是由人的技能组成。

1. 产业

产业分工是社会劳动分工的第一个层次。三大产业是根据主要劳动对象的特点加以划分的:以自然资源作为劳动对象的产业,称为第一产业,包括农业和采掘业;以农产品和采掘品为对象进行再加工的产业,称为第二产业,包括加工业和建筑业;第一、二产业以外的所有产业,称为第三产业。第一、二产业的活动成果为物质产品。第三产业则提供各种服务,有的为生产服务,如商业和货物运输业;有的为个人和社会集体消费服务,如文化教育、生活旅游和卫生医疗等服务事业。各产业部门的构成不断发生变化。从就业人数看,一般是第一产业向第二产业转移,第二产业向第三产业转移,这是世界各国共同发展的趋势。

2. 行业

行业分工是社会劳动分工的第二个层次。职业与行业既有区别,又有联系。其区别主要在于其分类的依据不同,职业是以劳动者所从事的工作性质的同一性进行分类的,而行业则是根据生产本身的劳动对象、劳动产品或提供的服务的不同来划分的。二者之间存在着错综复杂的相互交叉的情况。对于劳动者来说,每一种职业就是一个工作岗位,而对于整个社会来说，由职业到行业再到部门，构成了整个国民经济的分工体系。

目前，我国将整个国民经济的行业分为 20 个门类：

① 农、林、牧、渔业。

② 采矿业。

③ 制造业。

④ 电力、热力、燃气及水生产和供应业。

⑤ 建筑业。

⑥ 批发和零售业。

⑦ 交通运输、仓储和邮政业。

⑧ 住宿和餐饮业。

⑨ 信息传输、软件和信息技术服务业。

⑩ 金融业。

⑪ 房地产业。

⑫ 租赁和商务服务业。

⑬ 科学研究和技术服务业。

⑭ 水利、环境和公共设施管理业。

⑮ 居民服务、修理和其他服务业。

⑯ 教育。

⑰ 卫生和社会工作。

⑱ 文化、体育和娱乐业。

⑲ 公共管理、社会保障和社会组织。

⑳ 国际组织。

以上 20 个行业分别属于国民经济的第一、第二、第三产业部门。

在部门之下是"行业"，例如，制造业下面有重工业、轻工业，重工业中有冶金业、机器制造业等；轻工业中有造纸业、纺织业等。冶金业中还可以分为钢铁冶炼和有色金属冶炼行业。

3. 职业

职业分工是社会劳动分工的第三个层次。当今世界各国都十分重视职业分类工作，几乎所有的经济发达国家都结合本国的特点制定了相应的职业分类标准，广泛用于经济信息交流、人口统计、就业服务、职业培训等诸多领域。

职业分类是指特定的国家机构采用一定的标准和方法，依据一定的分类原则，对从业人员所从事的各种专门化的社会职业，按照其活动的不同性质、对象、内容、形式、功用和结果进行的类型划分和归总的工作，也就是指按一定的规则和标准把一般特征和本质特征相同或相似的社会职业，分成并归纳到一定类别系统中去的过程。职业分类意义重大，科学的职业分类，能为劳动需求的预测和规划、就业人口结构及其发展趋势的统计分析提供重要的前提和基础。

我国的职业分类有两种标准：一种是依据在业人口本人所从事的工作性质的统一性进行分类；另一种主要是按企业、事业单位、机关团体和个体从业人员所从事的生产或其他社会经济活动性质的同一性分类，即按所属行业分类。

1999年，我国颁布了《中华人民共和国职业分类大典》（以下简称《大典》）。参照国际职业分类标准，从我国实际出发，按照工作性质同一性的原则，对我国社会职业进行了科学划分和归类。2015年新修订的《大典》将我国现有的职业分类结构划分为8个大类、75个中类、434个小类、1481个职业。《大典》中的"细类"，是我国分类体系中的最基本类别，即我们所关心的"职业"，内容包括职业编码、职业名称、职业概述、职业定义、职业内容描述，以及归属于本职业的工种的名称和编码。

第一类：党的机关、国家机关、群众团体和社会组织、企事业单位负责人。
第二类：专业技术人员。
第三类：办事人员和有关人员。
第四类：社会生产服务和生活服务人员。
第五类：农、林、牧、渔业生产及辅助人员。
第六类：生产制造及有关人员。
第七类：军人。
第八类：不便分类的其他从业人员。

四、专业与职业的关系

专业是指人类社会科学技术进步、生活生产实践中，用来描述职业生涯某一阶段、某一人群、用来谋生的长时期从事的具体业务作业规范。

专业也指高等学校或中等专业学校根据社会专业分工的需要设立的学业类别。中国高等学校和中等专业学校根据国家建设需要和学校性质设置各种专业，按专业设置组织教学，各专业都有独立的教学计划，以实现专业的培养目标和要求，培养专门人才。

专业与职业二者之间关系密切，专业是就学校里的学业而言，职业是就工作而言。有人认为专业是职业的起点，即现在学什么专业，将来就从事相应的职业，甚至作为其终身职业；还有人认为，专业是为将来从事的职业打基础，从而在职场上有更广阔的发展空间。然而，从专业与职业的相关性来讲，它们并不是一一对应关系。一个具体的专业与职业的对应关系包括以下的内容。

1. 一个专业对应一个职业群

职业群一般由基本操作技能、工作内容、社会作用以及从业者所应具备的素质相接近的若干职位所组成。有的学校一个专业对应一个职业群，设置的专业对应的职业方向较为单一。一般来说，这类专业培养单一明确，职业的专业性较强，技术含量较高。在这种情况下，可以先定目标，根据目标制定最优学习方案，再展开系统的学习。

2. 一个专业对应多个职业群

一个专业可以对应几个相关的职业群。例如，建筑专业对应的职业目标为建筑师（建筑设计、规划和详细结构）、城市规划师（利用专业技术从事城市规划业务工作）、园林建筑师（园林绿地的规划、设计、施工）、建筑学史学家（研究西方与中国的古代、近现代建筑史）、机械工程师（计划和设计工具、机器和发动机）、制图员（根据草图及技术说明绘制正规图及其他技术图样)、施工项目经理(控制施工成本、进度及质量,管理安全、工程合同)。因此,大学生在确定专业方向后,还要确定适合自己的具体职业发展目标,从而在学习中有所侧重,为将来顺利步入理想岗位打下良好的基础。

3. 多个专业对应一个职业群

多个专业可以发展到一种职业群。该类职业群大多要求毕业生具备多方面的能力,一般属于管理型的职业,例如公务员、新闻记者、营销主管、企业管理人员等。针对这种情况,建议先确定职业目标,再确定就业的专业方向,并且在学习本专业的同时,主动学习与职业目标相关的其他知识,以提升自身的综合素质。

五、当代职业的发展趋势

1. 职业活动的内容不断更新

同样的职业,在不同的时代,内容发生了变化。例如,设计院的工程师以前设计图纸时,使用图板、丁字尺、画笔,而现在运用 CAD 软件画图。再如邮政业,古代靠骑马传送信件,而现在用飞机、火车、汽车等交通工具传送物品。

2. 工作要求技术化

求人倍率是劳动力市场在一个统计周期内有效需求人数与有效求职人数之比。2021年第三季度百城市公共就业服务机构市场供求状况分析报告显示,39.1%的市场用人需求对技术等级或职称有明确要求,其中,对技术等级有要求的占 25.5%,对职称有要求的占 13.6%。供求对比看,各技术等级的求人倍率均大于 1,市场需求大于供给。其中,高级技师、技师、高级技能人员求人倍率较高,分别为 3.05、2.7、2.51。目前技术型人才仍十分欠缺,招聘市场对工作技术的要求也越来越高。

3. 种类增加,向专业化方向发展

随着社会发展以及科技发展速度的加快,职业种类增加的速度也逐渐加快,当代新兴行业不断涌现,新的职业也大量出现,因此,新旧职业更替的速度也在加快。随着科学技术的发展,职业的专业化和复合化程度越来越高。

4. 第三产业职业数量增加

随着科学技术水平的提高、产业结构的调整,第三产业在国民经济发展中所起的作用越来越大,如金融、商务、传播、物流、卫生、教育、旅游等。我国第四次全国经济普查结果显示,自 2004 年首次开展全国经济普查的十五年间,特别是党的十八大以来,我国第三产业市场主体大量涌现,规模不断扩大,比重持续上升,结构明显优化,成为带动经济增长、吸纳就业人员的主要力量。

5. 职业的流动性增强

现代社会职业兴衰演化迅速,职业的更新速度不断加快,导致一个人一生面临的职业变化也会越来越频繁。处理好职业历程问题,特别是处理好职业的选择和适应期,对个人的一生起关键的作用。

6. 职业活动自由化

主要表现在三个方面:一是职业活动场所自由化,如网上工作;二是时间自由化,像记

者、律师、设计师等,没有严格的上下班时间限制,以完成一定的工作任务为目标;三是自由职业者越来越多,如自由撰稿人、作家等,他们没有具体的工作单位,以完成某项工作、任务的形式来履行职业职责。

延展资料

职业探索的内容——"职业十项"

确定职业目标的前提是尽可能充分地了解某种职业,并据此判断职业是否真的如自己心中所向往的那样,比如,大多数人不了解记者职业背后的无奈:工作时间不规律,无法按时接送孩子上学,工作环境复杂,经常为获取新闻接触形形色色的人,身处危险的第一线……但是,如果记者身上所体现的社会责任感是自己认同的第一价值观,那么即使有再多超出想象的无奈,也还是会乐在其中。其实,自己是否愿意从事某种职业的原因是多方面的,所以我们需要一个立体的评价体系来帮助自己了解想从事的职业。

第一,职业描述。职业描述,就是定义这个职业的内涵,具体包括职业名称及各方对其的定义。从职业描述中,我们可以窥探出需要怎样的知识技能、智体能力和知识结构才能胜任这一工作;我们还可以了解具体的岗位设置,如人事工作的岗位就分招聘、考核等很多具体岗位。而不同行业、不同性质和规模的企业对岗位的划分和理解也有很大不同,很可能出现同样的岗位名称,但工作的内容却很不一样。

第二,职业的核心工作内容。每个职业都有核心的工作职责,职责背后对应的就是工作内容,实际上就是这个职业一般都干什么活,哪些能力和技能是从事这个职业所必需的。了解职业的核心工作内容,有助于结合自身特点来判断自己是否对这个职业感兴趣。成熟的职业都有权威人事部门为其总结确定的核心工作内容,一些企业的招聘广告中也有对工作内容的描述,还可以请教一些行业协会,或是相关的资深人士。一般企业的人事部门和各部门经理也会对职业和岗位有具体的表述。

第三,职业发展前景及其对社会和生活的影响及作用。职业发展前景是国家、社会等对这个职业需求程度的综合体现,具体包括三个问题,即职业在国家发展中的作用、职业对社会和大众的影响、职业对生活领域的影响。也就是说,不仅要知道这个职业对国家、对社会及对行业的导向作用,还要知道这个职业对大众、对生活的影响以及人们对其依存度。了解职业的未来发展轨迹有利于判断自己是否应该选择这个职业。人力资源和社会保障部一般会提供某种职业在国家发展中作用的权威预测,但职业对社会和生活的影响要靠自己去调研,比如,访问这个职业的资深人士。

第四,薪资待遇及潜在收入空间。职业是社会分工的产物,是根据参与社会分工的劳动量来确定相应的报酬。薪资待遇及潜在收入空间是大家都关心的话题,很多人也会把赚钱的多少作为择业的关键因素,所以在考量职业时要重点调研职业的薪资状况和上升空间。

第五，工作方式和环境。不同职业的工作方式和环境完全不同，这涉及每个职业从业者日常的活动范围和环境、接触的人群等问题。我要在什么样的条件下完成这些工作内容？户外作业（例如高压电线维修工作）还是室内久坐（例如软件工程师）？独立进行工作（例如摄影师）还是团队协作（例如外科医生）？是否经常需要与人交流（例如销售代表）？……这些更具体的细节将有助于我们对职业的认识和判断。也可以问问自己，在工作过程中，感受到的工作氛围和风格是怎样的？自己喜欢吗，适合自己吗？

第六，入门岗位及其职业发展通路。职业的一些中低端岗位，即入门岗位，是比较适合应届毕业生的。大学生要了解一个岗位所对应的职业发展通路是什么，这个岗位有哪些发展途径，最高岗位是什么。

第七，职业标杆人物。职业标杆人物，就是在这个领域做得比较好的人，每个职业都有标杆人物，无论是国内还是国外。研究职业标杆人物是怎么做的，他都取得了什么成绩、遇到了什么困难及具备什么素质等。通过了解标杆人物的奋斗轨迹，帮助自己加深对职业的了解，也会帮助自己找到在这个职业领域奋斗的途径。在网上搜索职业时，一般就能找到职业标杆人物，图书馆也会有介绍这方面情况的书籍。

第八，职业的典型一天。了解职业的典型一天是判断自己是否适合这个职业的方法之一。某种职业或岗位的一天都是如何度过的？从早上到回家的时间都是如何安排的？不同的职业，想必差别较大。职业典型一天的内容，可以通过聊天、访谈或者去做实习生实际体验。结束了一天的工作后，内心是否觉得充实和满足？该职业的价值观是否符合自己心目中的标准？从事该职业是否会让自己保持积极性和热情，拥有成就感？

第九，职业通用素质要求及具体的入门能力。职业通用素质要求是从事某一职业的一般的、基本的要求。通过对职业外在素质要求的了解，判断自己能否胜任，还有哪些能力需要加强和补充。完成工作任务的过程中，会用到哪些技能和知识？推理能力，还是阅读能力或写作能力？经济学与会计学基础知识，抑或计算机方面的知识？……其实这些内容在岗位描述中的任职资格部分都有介绍，只是需要整理出来，尤其要加上职业访谈中的内容，列出十项最常用的能力，然后与自己一一对照，可以促进自我认知。

第十，工作与思维方式及对个人的内在要求。工作方式和思维方式是做好一份工作的保证，有些工作对人的内在要求很高，这些是从内在来判断自己是否适合和喜欢一个职业的核心标准。

或许现实中并没有机会让我们逐一观摩或通过实习去体会自己所向往的那些职业的真实环境。但是，我们可以通过全国高等学校学生信息咨询与就业指导中心这个平台获取职业相关信息。这是面向大学生群体的学业与职业发展平台，为学生选择专业、择业、就业，高校人才培养、选拔、就业指导，以及企业人才储备、招聘，提供全面专业的服务。

任务二

了解职业资格制度

国家职业资格是对从事某一职业所必备的学识、技术和能力的基本要求。国家职业资格包括从业资格和执业资格。

一、职业资格

2021年11月23日，经国务院同意，人力资源和社会保障部公布了《国家职业资格目录（2021年版）》（以下简称"目录"）。2021年版目录共计72项。其中，专业技术人员职业资格59项（含准入类33项，水平评价类26项），技能人员职业资格13项。目录中准入类职业资格关系公共利益或涉及国家安全、公共安全、人身健康、生命财产安全，均有法律法规或国务院决定作为依据；水平评价类职业资格具有较强的专业性和社会通用性，技术技能要求较高，行业管理和人才队伍建设确实需要。优化后的目录与2017年相比，职业资格减少了68项，削减49%。除与公共安全、人身健康等密切相关的职业工种外，73项水平评价类技能人员职业资格全部退出目录，不再由政府或其授权的单位认定发证，对于进一步提高职业资格设置管理科学化、规范化水平，推动降低就业创业门槛，优化就业创业环境，持续激发市场主体活力和社会创造力，推动高质量发展具有重要意义。

二、职业资格的分类与等级

国家职业资格目录包括专业技术人员职业资格和技能人员职业资格，在资格类别上又分为准入类职业资格和水平评价类职业资格。准入类和水平评价类证书在等级划分、报考条件、证书定义以及使用方式等多方面都有所区别，水平评价类证书分为五个等级，而准入类证书没有明确的等级划分。

1. 准入类职业资格

准入类职业资格是对涉及公共安全、人身健康、人民生命财产安全等特殊职业，依据有关法律、行政法规或国务院决定设置。准入类职业资格，是指按照相关要求，个人拿到证书，才能进入相关行业的工作岗位。也就是说，此类工作必须要持证上岗，换言之，无此类证书，不得上此类岗位工作。

2. 水平评价类职业资格

水平评价类职业资格代表从业者的水平和业务能力。水平评价类职业资格，其所涉职业（工种）具有较强的专业性和社会通用性，技术技能要求较高，行业管理和人才队伍建设确实需要。

（1）专业技能职业资格　专业技能职业资格分为五个等级，从高到低依次为高级技师、技师、高级技能、中级技能和初级技能。

根据原劳动和社会保障部制定的《国家职业标准制定技术规程》的规定，各等级的具体标准为：

① 国家职业资格五级（初级技能）：能够运用基本技能独立完成本职业的常规工作。

② 国家职业资格四级（中级技能）：能够熟练运用基本技能独立完成本职业的常规工作；并在特定情况下，能够运用专门技能完成较为复杂的工作；能够与他人进行合作。取得中级技能（中级工）资格，相当于技术员待遇。

③ 国家职业资格三级（高级技能）：能够熟练运用基本技能和专门技能完成较为复杂的工作，包括完成部分非常规性的工作；能够独立处理工作中出现的问题；能指导他人进行工作或协助培训一般操作人员。取得高级技能（高级工）资格，相当于助理工程师待遇。

④ 国家职业资格二级（技师）：能够熟练运用基本技能和专门技能完成较为复杂的、非常规性的工作；掌握本职业的关键操作技能技术；能够独立处理和解决技术或工艺问题；在操作技能技术方面有创新；能组织指导他人进行工作；能培训一般操作人员；具有一定的管理能力。取得技师资格，相当于工程师待遇。

⑤ 国家职业资格一级（高级技师）：能够熟练运用基本技能和特殊技能在本职业的各个领域完成复杂的、非常规性的工作；熟练掌握本职业的关键操作技能技术；能够独立处理和解决高难度的技术或工艺问题；在技术攻关、工艺革新和技术改革方面有创新；能组织开展技术改造、技术革新和进行专业技术培训；具有管理能力。取得高级技师资格，相当于高级工程师待遇。

（2）专业技术职业资格　专业技术职业资格是对从事某一职业所必备的学识、技术和能力的基本要求。当前，我国的水平评价类专业技术职业资格由人力资源和社会保障部负责资格评价和证书的核发与管理。专业技术人员职称，称为专业技术资格。职称分为初级职称（员级，助理级），中级职称，高级职称（副高级，正高级）。依据国家职业标准，有些职业可不设立高等级或低等级。

水平评价类技能人员职业资格退出国家职业资格目录，该做法不是取消职业和职业标准，更不是取消技能人才评价，而是由职业资格评价改为职业技能等级认定，改变了评价发证主体和管理服务方式，即政府主管部门组织制定职业分类、发布国家职业标准或评价规范，用人单位和社会培训评价组织具体实施并颁发职业技能等级证书。

为做好水平评价类技能人员职业资格退出目录的衔接工作，人力资源和社会保障部大力推行职业技能等级认定，完善职业技能等级制度。职业技能等级认定由用人单位和社会培训评价组织两类主体按照有关规定开展。其中，符合条件的用人单位可结合实际面向本单位职工自主开展；符合条件的社会培训评价组织可根据市场和就业需要，面向全体劳动者开展。

感悟与训练

一、结合自己的专业和求职意向，进行职业探索。

职业名称：

职业定义：

岗位职责：

职业资格证书：

职业通用能力：

职业自我管理能力：

专业技术能力：

职业环境：

二、结合所学专业进行职业生涯人物访谈，用PPT演示并完成书面报告。

项目四

职业决策

📚 名言警句

我们的决定，决定了我们。

——萨特

📖 引导案例

科学决策

二战期间，一个经过挪威上空的气球偶然挂断一根高压电线，从而引起当地一场大火灾。英国作战指挥部首长获得消息后，突发灵感，以磷为主要原料的燃烧弹，每枚重 2.7 公斤，如果用气球运燃烧弹，一个气球可以运载两枚到三枚，很容易在拥有大量常绿阔叶林的德国造成森林大火。为了扑灭森林大火，德国人必然会投入大量的人力物力，从而消耗德国的战争资源。但是，德国人有可能会以牙还牙，也用这种方式进行报复。如果你是英国作战指挥部首长，要不要采用这个方案呢？

英国不必害怕德国人的报复，因为英国森林面积比德国小，而且根据气候资料统计，每年有一半以上的时间，风是从英国往德国方向吹，而风从德国往英国方向吹的时间只占 38%。另外，英国海军还找到一项重要的证据：他们经过分析后认为，英国电网抗短路的能力要强于德国电网。因此，英国军方决定实施该方案，并命名为"外向行动"。

事后的统计表明，英国的"外向行动"是很合算的。为执行该行动，英国只动用了不到三百名妇女，没有男性参与操作，总花费为 22 万英镑。

✈ 教学目标

学习职业生涯决策理论，思考并改进自己的决策模式，将决策技能应用于学业规划、职业目标选择及职业发展过程。学会自己承担责任，自主决策。

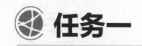

任务一
了解职业决策

在职业生涯的规划或设计中,决策过程会直接影响职业生涯规划能否成功。只有掌握了决策的技能和方法,遵循决策过程的各个步骤,才有可能做出合理的职业选择。因此,职业生涯规划的基本任务是探索和研究解决职业决策问题,促进决策意识的发展,培养职业决策的能力。

一、职业决策的含义及类型

1. 职业决策的含义

决策是人们为了解决当前或未来可能发生的问题而在所有备选方案中选择最佳方案的过程。职业决策也叫生涯决策,是个人在多项与职业生涯相关的选择之间权衡利弊,以达成最大价值的历程。

职业决策中的重要选择:

① 选择何种行业;
② 选择行业中的哪一种职业;
③ 从数个工作机会中选择其一;
④ 选择工作地点;
⑤ 选择不同价值取向的工作;
⑥ 选择生涯目标或系列的升迁目标。

2. 职业决策的类型

美国职业生涯专家斯科特和布鲁斯于1995年提出,决策风格是在后天的学习实践中逐渐形成的。决策风格可划分为五种类型:理性型、直觉型、依赖型、回避型和自发型。

(1)理性型　理性型以周全的探求及对选择的逻辑性评估为特征。决策者常具备深思熟虑、分析、逻辑的特性。这类决策者会评估决策的长期效用并以事实为基础做出决策,强调综合全面的信息收集、理智的思考和冷静的分析判断,这是其他决策风格的个体需要培养的一种良好的思考习惯。

(2)直觉型　直觉型以依赖直觉和感觉为特征,比较关注内心的感受。直觉型的决策风格以自我判断为导向,在信息有限时能够快速做出决策。由于以个人直觉而不是理性分析为基础,这类决策发生错误的可能性较大,易造成决策不确定性,容易让直觉型决策者丧失信心。

(3)依赖型　依赖型以寻求他人的指导和建议为特征。依赖型的决策者往往不能够承担自己做决策的责任,允许他人参与决策并共同分享决策成果,会受到他人的正面评价,但也可能因为简单地模仿他人的行为导致负面的反应。依赖型的决策者需要理解生活中重要他人对自己的影响程度。

(4)回避型　回避型常会以试图回避做出决策为特征。回避型的决策风格是一种拖延、不果断的方式。面对决策问题会产生焦虑的决策者，往往因为害怕做出错误决策而采取这样的反应。

（5）自发型　自发型以渴望即刻、尽快完成决策为特征。自发型的个体往往不能够容忍决策的不确定性以及由此带来的焦虑情绪，是一种具有强烈即时性、并对快速做决策的过程有兴趣的决策风格。自发型决策者常会基于一时的冲动，在缺乏深思熟虑的情况下做出决策，此类决策者通常会给人果断或过于冲动的感觉。

不同的决策风格都有优劣之处，都可以在某种程度上满足决策者的需要，重要的是识别自身的决策风格，并有针对性地进行调整。决策风格受个体因素和环境因素影响，不同的个体和环境会直接或间接影响决策者的决策方式，决策风格也会因此而变化。

二、影响大学生职业决策的因素

在掌握一定的职业决策理论以后，能否说我们就可以冷静而自信地做出理性的决策呢？不是的，因为现实世界中充满了各种不确定或不可控的因素，具体包括以下几方面因素。

1. 主体因素

主体因素是主体内部产生的、与自我意识密切关联的影响因素，包括个性、能力、价值取向等，它们往往是左右大学生职业选择的主要因素。

（1）个性　性格是个性当中的稳定因素，性格对大学生的职业选择乃至职业成功发挥持续作用。以内向型大学生为例，他们一般不会选择需要较多自我表现、自我强调的职业，如推销员、演说家、律师、记者这类职业。即使选择了这类职业，也会感到极不适应，由此造成的障碍会影响到他们的职业成功；而图书管理、理论研究、微机操作等职业对他们有较强的吸引力，因为这类职业较少与人交往，需要高度的细心和耐心，需要在安静和孤独中完成工作。

兴趣是最好的老师，如果一个人对某一工作有兴趣，就能较长时间保持高效率而不感到疲劳；而对工作缺乏兴趣的人，只能发挥其全部才能的20%～30%，也容易筋疲力尽。一个人在职业发展中取得了突出成就，一个重要原因就是职业兴趣问题。兴趣产生的内在驱力形成不断进取的工作精神，在不自觉中会推动他们排除种种困难。兴趣爱好也会发生变化，但一旦确定，就会为职业选择提供向驱力，为职业成功奠定基础。

（2）能力　能力是指完成一定活动的本领，包括完成一定活动的具体方式以及所必需的心理特征。能力常与知识相提并论，任何一种职业的完成都需要能力和知识的参与和配合。能力属于动态系统，知识属于经验系统，掌握知识必须以一定的能力为前提，知识的掌握又要求相应能力的提高。

大学生能够跨入大学校门，已经证明他们具备了一般能力，即在基本活动中表现出的能力，如观察能力、反应能力、抽象概括能力等。同时，大学生经过多年的基础学习和专业学习，也具有了特殊能力，即在专门活动中要求的能力，如写作能力、数学能力等。无论是一般能力，还是特殊能力，它们都对大学生的职业选择提供了参照系和定位器。在专业选择中，能力因素起到了参考作用，写作能力差的人一般不会选择新闻、文学专业，而语言能力差的人一般不会选择英语、教育专业；在职业选择中，能力因素则起到了定位器的作用，不善驾驭文字的大学生是不会首先考虑文职工作的，而具备了初步的理论研究能力并获得一定成绩的大学生很可能在所学专业上继续深造,以求最大限度发挥自己的能力。

（3）价值取向　价值取向是一个人意识系统的核心部分,而且从根本上制约了主体因素中的其他方面。它是隐藏极深的稳定因素,不易被观察和感觉到,但这丝毫不妨碍价值取向因素成为影响大学生职业定向与选择的本原因素。

价值取向是价值观的具体化和方向化,价值观是一个人对各类事物的一般性态度,这种态度表现出比较明确而单一的趋向和情感,便成了价值取向。随着价值观的基本定型,大学生的价值取向也基本定型。具体到职业认识领域,每种职业都有各自的特性,不同的人对职业意义的认识、对职业不同的评价和取向,体现出个人不同的职业价值观。职业价值观决定了人们的职业期望,影响着人们对职业方向和职业目标的选择,决定着人们就业后的工作态度和劳动绩效水平,最终决定了人们的职业发展情况。哪个岗位适合自己？从事某一项具体工作的目的是什么？这些问题都是职业价值观的具体表现。另一方面,职业社会的价值取向和家长的价值取向也都参与了大学生职业决策的构建过程,只不过它们都已融入了大学生主体的价值观系统,成为其价值观系统的一部分。

2. 客体因素

客体因素是指职业决策中环境因素的总和,也包括职业本身因素。如果说主体因素起着基础性作用,那么客体因素则发挥制约和平衡的牵制作用。

（1）社会评价　职业社会对各类职业所持的倾向性态度总会通过传媒、舆论等多种渠道渗透到大学生的职业评价心理中,成为大学生社会化认识的重要方面。尽管我们经常会听到关于"职业分工不同,没有高低贵贱之分"之类的宣传,但是,在现实社会中,人们实际上还会或多或少地存在着一些错误的认识,这种认识即是职业的社会评价。职业的社会评价受到社会心理的强有力制约。一般来说,有什么样的社会心理,就有什么样的社会评价,尤其是在传统心理仍然根深蒂固的当代社会,职业的社会评价往往体现出浓厚的传统色彩和保守色彩,这一点在不发达地区体现得更加明显。

职业的社会评价对大学生职业决策的影响是潜移默化的,它已经进入了大学生的社会认知领域,成为不自觉的考虑因素,尤其是他们对某种职业缺乏深入了解与切身感受时,社会评价作用会显得格外突出。

（2）经济利益　经济利益在当今大学生职业决策中扮演着愈加重要的角色。职业必须具有物质激励才能保持长久的吸引力,否则将无法获得选择者的青睐。另一方面,金钱意识如果一味膨胀,必然损害许多职业的本色,职业将不再是"职业",而蜕化成获取经济利益的工具。

（3）家庭　家庭在人生大事上会留下深刻痕迹,其中,大学生职业决策就融合了家长意志。职业选择的前奏是专业选择,许多家长对子女的专业选择并不是耳提面命式的命令,父母的影响更多是通过家庭环境的熏陶,逐渐融入了大学生的心理结构。

有些大学生按照自己的意愿选择了某种职业,有些大学生则被引入了父母正在从事或者希望子女从事的职业。对于后者,子女被看作是父母希望的延伸,或者家庭的代表,他们的使命是实现父母的理想。这种职业决策的效果不能一概而论,不过,这也在无形中隐藏了一种危险,即如果职业实践不如人意,那么子女很可能会将这种结果归咎于父母,让父母来承担职业实践不理想的责任。

3. 企业因素

虽然企业会给个体工作和施展才华的机会，但也会直接影响个体能否在这个公司有长足的发展。企业文化是反映现代化生产和市场经济一般规律的新兴的管理理念，它是企业在长期的经营活动中所形成的共同价值观念、行为准则、道德规范，以及体现这些企业精神的人际关系、规章制度、厂房、产品与服务等事项和物质因素的集合。它的人文力量，可以为员工创造一个具有和谐的人际关系、能够充分发挥各自能力、实现自我价值、具有丰富多彩生活的宽松的工作环境。

通常情况下，企业文化的凝聚力能通过建立共同的价值观念、企业目标，把员工凝聚在企业周围，使员工具有使命感和责任感，自觉地把自己的智慧和力量汇聚到企业的整体目标上，把个人的行为统一于企业行为的共同方向上，从而凝结成推动企业发展的巨大动力。一个企业怎样对待新员工，有怎样的企业文化、怎样的思维方式，是否要经常加班，是否干涉员工的生活，是否给员工培训和成长机会等，都影响着员工对企业的忠诚度和满意度。所以，大学生在应聘前有必要对公司的企业文化、工作方式及工作方式所影响下的生活方式进行详细了解。

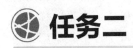

职业决策过程

一、决策前的准备

在决策之前，首先要形成一个职业清单，该清单上列举了你将会从事的职业。该清单上的职业数量和内容会直接决定我们后面决策的质量。一般来说，一份初始的职业清单至少准备10个以上，形成这份职业清单可以有多种方法。

首先，可以从自我探索入手，根据自己的性格、兴趣、能力、价值观发现可能从事的职业。其次，可以从一些职业信息库或者职业大典中去寻找可能从事的职业。国内比较权威的有《中华人民共和国职业分类大典》，同时也可以参考国外的一些职业信息网站，其中比较著名的是美国的"O*NET"网站。在这个网站上对职业有详细的介绍，有兴趣的同学可以完成上面的一些兴趣、价值观、能力测评，作为发现适合自己的职业的参考。

最后，我们还可以通过日常交流发现一些适合自己的职业。同班同学在一起可以用头脑风暴的方法，产生很多可供选择的职业。例如，通过手机你能联想到哪些职业？我们可能会想到：手机制造、手机外形设计、手机销售、手机维修、手机软件开发、手机新材料开发、手机电池研发及制造、短信写手、手机美容……下面我们来充分发挥一下想象力，开展一次头脑风暴练习吧。

课堂活动

用头脑风暴法想出尽可能多的和目前你所学的专业有关的职业。每个同学在白纸上写下自己联想到的职业，然后把全班的结果汇总在一起，看看最后能想到哪些职业。

对职业深入全面的分析,有助于我们后面的职业决策。对职业的分析可以从广度和深度两个方面来做。广度就是对尽可能多的职业进行分析,而深度则是对一些重点关注的职业进行深入分析。当职业清单中的职业比较多时,就需要在广度和深度上进行平衡,两者兼顾。在广度方面,可以通过职业咨询师的介绍对各个行业的职业进行初步的了解,在深度方面,可以通过对具体某个职业的从业人员进行生涯人物访谈达到对职业全面深入的了解。

二、决策的主要过程

盖特等人发展了职业决策的 PIC 模型,该模型针对职业决策的特点而设计。他们认为在多数情况下,广泛地搜寻所有潜在的职业方案是不切实际的。所以,他们根据不同的目的、过程和结果将职业决策过程分解成三个主要的阶段:排除阶段(Prescreening)、深度探索阶段(In-depth exploration)和选择阶段(Choice)。"PIC"即是这三个阶段的缩写。

1. 排除阶段

该阶段主要是通过基于个人偏好的结构化搜索,排除掉一些职业备选方案,从而得到可操作数量的"可能方案"。

在许多职业决策的情境中,职业备选方案的数目是相当大的。排除阶段的目的就是将这些备选方案的数目减少到比较少(比如 7 个或更少),从而达到可操作的水平,称之为"可能方案"。正是因为"可能方案"的数目有限,所以决策者能够为每个方案收集广泛的信息,并且有效地加工这些信息。

在排除的方法上,洛克提供了一套缩减职业备选方案的方法。

(1)基于理想工作描述缩减备选方案 首先要能够通过特征来描述你理想的工作,可以通过工作性质、教育/培训、技能/能力、报酬/福利、工作条件、地点、工作伙伴的性格特征、就业及发展前景、期望的个人满意度、优缺点等 10 个方面来描述,然后比较你的职业清单上备选的职业和对理想工作的描述之间的差距,删除一些明显不合适的职业。

(2)通过工作技能分析缩减备选方案 通过前面的章节我们对自己的技能有充分的了解,然后,我们要删除那些远高于自己能力或低于自己能力水平的备选职业。从事一个远高于自身水平的职业会让人体会到挫败感,而从事远低于自身水平的职业会让人很快对这份职业产生厌倦。

(3)基于价值观缩减备选方案 职业价值观是一个人判断工作好坏的标准,也是职业选择时内心的尺度和评价的标准,在我们选择行业,乃至选择职业中发挥着重要作用。一份工作能满足你的职业价值观,你会动力十足,而如果得不到满足,你会觉得前途渺茫。

(4)基于掌握专业知识和技能所需时间、费用和地点远近缩减备选方案 考虑每一个职业时,要思考你是否已经具备了这些职业对专业知识和技能的要求,如果没有具备,你是否愿意花时间、花费用去达到职业对你专业知识和技能的要求,如果回答是否定的话,这些职业就需要舍弃。同时你也要关注这些职业对于地点的要求,假如某一职业要求必须出国待四年,而你不想和家人分离,那么这个职业就不太适合你。

通过以上这些方法,我们就可以将职业清单进行"瘦身",然后进入到深度探索阶段。

2. 深度探索阶段

这个阶段的目的是通过对"可能方案"的深度探索,产生一些"合适方案",即找到一些不仅是有可能的而且是合适的方案。如果满足以下两方面,该方案被认为是合适的。首先,每个合适的方案与个人的偏好相符,其次,个人符合该方案的要求。可以从以下两个方面考察某个方案是否真正适合个人:一是在个人认为最重要的方面上检查每一个可能方案与个人偏好的符合程度;二是在其他重要的方面中检查该方案与个人偏好的符合程度。

3. 选择阶段

基于对所有"合适方案"的评估和比较,挑选出"最合适方案"。第三阶段的目的是考虑到个人的偏好与能力,挑选对于个人来说最合适的方案,如果有必要的话,挑选次等的方案。这个阶段涉及对前面阶段中搜集到的信息的进一步加工。

(1)挑选最合适的方案　许多人会在第二阶段结束时得到一个合适的方案,并据此收集相应的信息,在这种情况下,没有必要再比较方案了。但是深度探索阶段结束时也会得到两个或更多的合适方案,个人为了挑选最合适的一个不得不比较这些方案,这时就要关注它们的特点,将方案的优缺点进行比较,考虑方案之间的平衡,挑选其一。

(2)挑选其他合适的方案　挑选了偏爱的、"最合适的"方案之后,个体必须使用收集到的信息评估实现该方案的可能性。如果肯定能够实现,就没有必要再挑选次等的方案。但如果存在不确定性,建议回到前面的步骤,搜寻更多的、可能被认为是"次等的"但仍然适合的方案。

如果第一和第二方案实现的可能性都相当低,建议考虑第三、第四方案等。另外,如果只有一个方案被认为是合适的,而它实现的可能性也不能确定时,可能需要回到上一个阶段,重新考察在深度探索阶段被认为是不合适的可能方案的适合性问题。

挑选阶段结束,个人找到了最合适的方案,或者在许多情况下是找到了次等的方案,这就意味着系统的职业决策过程完成了。在职业决策结束的时候,应该回顾整个决策过程,以确定自己做的决定是正确的,并且选定对于个人是最好的那个方案。

三、职业决策的主要方法

在具体的职业决策中,还会用到很多工具和方法,下面对这些工具和方法进行介绍。

1. 平衡单法

卡茨在古典决策理论基础上提出职业决策理论,他特别强调职业价值观对职业决策的影响。卡茨认为职业价值观是职业选择中知觉、需要及目标的综合。决策者应列出自己的主导价值清单,并对它们进行量化。对每一种选择,决策者要估计"回报强度系数",即每种选择满足主观价值需求的可能性。用"回报强度系数"与各种价值大小相乘,其总和可显示每一选择的"回报价值"。"回报价值"与实现该选择的概率相乘得到"期望效用价值"。决策策略应该是挑选具有最大"期望效用价值"的选择对象。

平衡单法是基于卡茨的职业决策理论得出的最简单的一种职业决策方法。它包括四个方面的主题:自我物质方面的得失、他人物质方面的得失、自我赞许与否和社会赞许与否。使用方法是首先根据自己的价值观为这几个主题排序加权,然后在比较各个选择的时候,针对每项要素为每个选择打分,最后算出加权值。虽然看似很简单,但在关键的时候,它有可能成为让你下决心的最后一个理由,一个坚定你决策信念的砝码。

平衡单法的具体操作步骤如下:

① 列出2~3个考虑的职业。

② 从四个考察维度列出你选择职业时考虑的因素。
③ 对每个考虑因素设置权重。
④ 考虑每个职业选择中这些因素的得失程度，从-5←0→5给予其分数。
⑤ 依分数累计，得出每一个职业选择的总分。
⑥ 排出职业选择的优先级。

实操案例

决策平衡单

表 4-1 中列出了各项考虑因素，请根据这些因素对你的重要程度，在"权重"栏目中按 1~5 打分，重要程度越高分值越高。如果你现在有 2 个以上的职业选择，则对这些选择都进行得分评估，填入"分值"栏目。将打的分数乘以权重数，得出加权分数。最后可以根据各选项加权得分的总分，进行决策。

例如：收入对你来说比较重要，你给收入赋予 4 分的权重。目前的工作，收入值达到了 5 分，则加权分为 20 分。新的工作收入不高，只达到 3 分，则新工作此项的加权分为 12 分。

表 4-1　决策平衡单

考虑因素		权重	职业选择 1		职业选择 2		职业选择 3	
			分值	加权分	分值	加权分	分值	加权分
个人物质方面的得失	收入							
	工作的难易							
	升迁的机会							
	工作环境的安全性							
	休闲的时间							
	生活变化							
	对健康的影响							
	就业机会							
	其他							
他人物质方面的得失	家庭经济							
	家庭地位							
	与家人相处时间							
	其他							
个人精神方面的得失	生活方式的改变							
	成就感							
	自我实现的程度							
	兴趣的满足							
	挑战性							
	社会声望的提高							
	其他							

续表

考虑因素		权重	职业选择 1		职业选择 2		职业选择 3	
			分值	加权分	分值	加权分	分值	加权分
他人精神方面的得失	父母							
	师长							
	配偶							
	其他							
总分								

2. SWOT 分析法

SWOT 分析法是英文单词 Strength（优势）、Weakness（劣势）、Opportunity（机会）、Threat（威胁）的缩写。其中优势和劣势是对内部个人因素的评估，而机会和威胁则是对外在环境因素的评估。通过这种方法，个体能够综合自身的优势和劣势，认清周围的职业环境和前景，做出最佳决策。表 4-2 是一个简单的职业目标决策的 SWOT 分析模型。

表 4-2 SWOT 分析模型

内部个人因素	优势（Strength）：你可以控制并可以利用的内在积极因素 你最优秀的品质？你的能力体现？ 你曾经学习了什么？你曾经做过什么？最成功的方面是什么？ ……	劣势（Weakness）：你可以控制并努力改善的内在消极因素 我的性格有什么弱点？ 经验或者经历上还有哪些缺陷？ 最失败的是什么？ ……
外在环境因素	机会（Opportunity）：你不可控制但可以利用的外部积极因素 社会环境对你的发展目标的支持； 地理位置优越、专业发展带来的机会； 就业机会增加；	威胁（Threat）：你不可控制但可以弱化的外部消极因素 名校毕业的竞争者； 同专业的大学生带来的竞争； ……
总体鉴定：（评估你制定的职业发展目标）		

实操案例

SWOT 分析法练习

表 4-2 列出的内容并不是全部，它们只是用来激发你的思考，你还可以想出更多，因为没有人比你更了解自己。那么把你所想到的都填入表 4-3 中，也许在写的过程中你对自己和环境都会有新的发现。

表 4-3 SWOT 分析模型补充

	优势（Strength）	劣势（Weakness）
内部个人因素		
	机会（Opportunity）	威胁（Threat）
外在环境因素		
总体鉴定：（评估你制定的职业发展目标）		

填完这个表格，你的工作并没有结束，SWOT分析法的完整运用还需要针对每一项列出的优势、劣势、机会、威胁想出相应的应对策略。在这里花费一点时间是值得的，因为这样的思考将会直接减少你花在痛苦选择上的时间。

感悟与训练

一、影响职业决策的因素有哪些？

二、如何对大学生择业心理障碍进行疏导？

三、职业决策的主要方法有哪些？

项目五

确立与实现职业生涯目标

📚 名言警句

人生最大的快乐是致力于一个自己认为伟大的目标。

——萧伯纳

📖 引导案例

目标的重要性

曾有研究机构做过一个实验：组织了三组人，让他们分别向10公里以外的3个村子步行出发。

第一组的人不知道村庄的名字，也不知道路程有多远，别人只告诉他们跟着向导走就是。刚走了两三公里就有人叫苦，走了一半时有人几乎愤怒了，越往后走他们的情绪越低落。

第二组的人知道村庄的名字和路程，但路边没有里程碑，他们只能凭经验估计行程时间和距离。走到一半的时候，大多数人就想知道他们已经走了多远，比较有经验的人说："大概走了一半的路程。"于是大家又簇拥着向前走，当走到全程的四分之三时，大家情绪低落，觉得疲惫不堪，而路程似乎还很长，当有人说："快到了！"大家又振作起来加快了步伐。

第三组的人不仅知道村子的名字和路程，而且公路上每一公里就有一块里程碑。人们边走边看里程碑，每缩短一公里大家便有一小阵的快乐。行程中他们情绪一直很高涨，很快就到达了目的地。

当人们的行动有明确的目标，并且把自己的行动与目标不断加以对照，清楚地知道自己的行进速度以及与目标的距离时，行动的动机就会得到维持和加强，人们就会自觉地克服一切困难，努力达到目标。

✈ 教学目标

学习职业目标确定的原则及步骤；明确职业目标确定对大学生成长成才的重要性；学习职业目标的设立方法，为自己的职业发展设立目标并制定相应的行动计划。

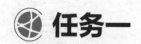

任务一
认识职业生涯目标

大学生职业生涯目标是指大学生根据社会期望和自身发展的需要，确立的自我奋斗的目标和发展方向。它不仅可以为大学生自我发展提供导向，也有利于调动大学生的积极性、主动性和创造性。它既是大学生自我发展的出发点和归宿，也是大学生自我发展的核心问题。

一、职业生涯目标的含义

职业生涯目标是指个人在选定的职业领域内在未来时点上所要达到的具体目标，包括人生目标、长期目标、中期目标与短期目标。它们分别与人生规划、长期规划、中期规划和短期规划相对应。一般来说，我们首先要根据个人的专业、性格、气质和价值观以及社会的发展趋势确定自己的人生目标和长期目标，然后再把人生目标和长期目标进行分解，根据个人的经历和所处的组织环境制定相应的中期目标和短期目标。

（1）人生目标　整个职业生涯的规划，时间长至40年左右，设定整个人生的发展目标。例如：规划成为一家公司的董事。

（2）长期目标　5~10年的规划，主要设定较长远的目标。例如：规划30岁时成为一家中型公司的部门经理，规划40岁时成为一家大型公司的副总经理等。

（3）中期目标　一般为3~5年内的目标与任务。例如：规划成为业务部门经理，规划从大型公司部门经理到小公司做总经理等。

（4）短期目标　3年以内的规划，主要是确定近期目标，规划近期完成的任务。例如：对专业知识的学习，3年内掌握哪些业务知识等。

在确定以上各种类型的职业生涯目标后，就要制定相应的行动方案来实现它们，把目标转化成具体的方案和措施。这一过程中比较重要的行动方案有职业生涯发展路线的选择、职业的选择以及相应的教育和培训计划的制定。

二、职业生涯目标的内容结构

职业生涯目标是未来某时点要达到的预期成就。时点不同，成就可能就不一样，同时每一时点的成就也可能有不同的内容。职业生涯目标的内容结构主要包括以下几个方面。

1. 岗位目标

个人在选择的职业领域要达到的岗位目标。在管理领域，是各级管理岗位，如总经理、副总经理、部门经理；在技术领域，是荣誉性技术岗位，如主任工程师、副主任工程师；对跨越两种以上的职业选择，如从事技术职业，同时又负责一定的管理工作，岗位目标可以在两个领域分别确定，也可以是两者的结合，如总工程师。

2. 技术等级目标

职称通常是技术等级的衡量标准，如助理工程师、工程师、高级工程师、教授级高级工程师等。

3. 收入目标

经济收入是组织对员工贡献的回报。在成熟的社会中，这种回报机制能够基本做到回报率的公平，因此，收入水平也被视为个人成就的重要标准之一。

4. 社会地位目标

一些贡献较大的人，不仅促进了企业的发展，而且也给社会带来了明显的福利。这些人的贡献不仅得到企业组织内部的肯定，也得到了社会的承认。因此，在设计职业生涯目标的时候也应考虑对社会的贡献和社会的肯定，树立远大理想。例如：在本行业中具有一定的知名度，成为国内某领域的著名专家等。

5. 成果目标

重大成果也可以成为职业生涯的目标。例如：负责一项大型工程的建设项目，设计出世界一流的汽车发动机，出版一部有全国影响力的学术著作等。

三、大学生职业生涯目标缺失的表现

职业生涯目标应该是经过各方面的权衡比较和长时间思考后确定的。科学研究表明这种比较、思考的最佳时间应在大学阶段。因为大学生正处于风华正茂的年龄，有着意气风发的青春朝气、日渐成熟的心理，大学生能比较充分地思考自己的人生。在这个阶段确定自己的目标是非常必要的，而且现代社会发展与社会需求更加要求大学生必须在大学阶段确定好职业生涯目标。

然而从最近几年的就业形势看，很多大学生并没有完全认识到确定职业生涯目标的重要性，没有进行充分的思考，甚至有的人还忽视了这个问题。根据北森测评网、新浪网和《中国大学生就业》杂志共同实施的一项"大学生职业生涯规划"调查问卷显示，当前大学生缺乏职业生涯规划的情况相当普遍。有62%的大学生对自己没有规划，有33%的大学生制定的规划不够明确，只有5%的大学生有明确的规划设计。深入访谈后发现，许多高校大学生误以为职业生涯规划是在自己就业以后才要进行的一种规划，还有一大部分学生抱着"边走边看，车到山前必有路"的消极思想，从主观上弱化了职业生涯规划的作用。大学生职业生涯目标的缺失主要表现在以下几个方面。

1. 目标意识淡薄

许多大学生在进入高校后会产生茫然感，多数学生对自身的生涯没有做过细致的规划，自身定位不清晰，也没有为自己确立合理目标。面对必须由自己来做决定的局面不知所措，结果不是被动等待，就是随波逐流。

2. 目标定位模糊

不同的学生对大学生活抱有不同的期望，有的是对大学生活的向往、有的是想取得一个大学文凭、有的是为就业做准备等，而对于自己适合学什么、做什么没有正确的认识，脑海中经常处于模糊状态。这样往往是人不尽才，才不尽用，高不成低不就，给自己造成很大的心理压力。

3. 目标定向多变

大学生在进行职业目标抉择时，容易受外界因素干扰，对职业选择缺乏坚定的信念，从而导致对职业目标选择的偏移和多变,致使目标和目标之间相互冲突,使得在生涯目标追求的过程中有时会发生冲突且不能有效协调,或是发展阶段的割裂甚至相互拆台相互抵消。例如:有的学生看起来似乎很有目标意识,今天觉得掌握一门第二外语容易找工作,就去报名学习第二外语;明天觉得别人有很多特长,自己也去报名学音乐、书法等;后天又觉得考研是一条出路,就又准备考研。如此不断反复,看上去很有主见,生活得很充实,但回头看看却一事无成,不仅专业荒废,其他方面也没有学以致用。

4. 目标准备盲目性

跟着目标走才不会迷路,同样,准备工作也必须要有明确的方向与目标,盲目的准备往往只是徒劳。知道要做准备,但不知道为什么准备,结果很可能该准备的忘记了,不需要的倒是做了不少,等再想回头补救时已经没有了机会。这是许多效率低下、不懂得有效学习和工作的人最容易出现的错误。他们往往把大量的时间和精力浪费在毫无价值的准备工作当中,只有目标明确才不会盲目地浪费时间和精力去做那些无谓的准备。

5. 目标追求功利性

任何一个人的职业生涯都必须依附于一定的组织环境条件和资源,必然受到一定的社会、经济、政治、文化和科技环境的影响。正是这些因素的影响,使得一些大学生在对出现的职业机会进行评估的过程中,产生功利心理,抱有"先占位置,再图发展"的思想。在自我定位和确定自己的职业目标时,一些大学生不考虑自身的基础知识和职业技能,不认真将自身情况和职业要求进行匹配,只注重职业的社会地位和职业薪酬。例如,有的大学生考虑如果通过了公务员考试就去上岗,不管自己喜欢与否,只看重公务员工作稳定、社会地位高;若考不上就到企事业单位从事与所学专业相关的工作。

事实证明,如果大学生缺乏明确的职业生涯目标,那么对他们的职业选择必然会产生明显的消极影响。所以,对于大学生而言,大学生活并非单纯的知识吸收,还需要思考自己的未来生活,为自己树立正确的职业生涯目标,并为此自觉加强相关能力的培养。

大学生活是"自我定位,规划人生"的过程,要在毕业之前对外界和自身的情况都进行全面、具体的分析,找到自身在社会的切入点,给自己一个准确的定位,选准适合自己的职业方向。否则三四年盲目生活,很容易造成必要知识的欠缺与相关能力的匮乏。许多大学生找不到工作的原因之一是在大学生活中缺少人生思考,对职业生涯目标缺乏规划。

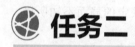

任务二

确立职业生涯目标

引导案例

目标分解助成功

1984 年,在东京国际马拉松邀请赛中,名不见经传的日本选手山田本一出人意外地夺得了世界冠军。当记者问他依靠什么取得如此惊人的成绩时,他说了这么一句话

"凭智慧战胜对手"。当时许多人都认为这个偶然跑到前面的矮个子选手是在故弄玄虚。马拉松赛是体力和耐力的运动，只要身体素质好又有耐力就有望夺冠，爆发力和速度都还在其次，说用智慧取胜确实有点勉强。

两年后，意大利国际马拉松邀请赛在意大利北部城市米兰举行，山田本一代表日本参加比赛，这一次，他又获得了世界冠军。记者又请他谈经验。

山田本一性情木讷，不善言谈，回答的仍是上次那句话"用智慧战胜对手"。这回记者在报纸上没再挖苦他，但对他所谓的智慧迷惑不解。10年后，这个谜终于被解开了，他在他的自传中是这么说的："每次比赛之前，我都要乘车把比赛的线路仔细地看一遍，并把沿途比较醒目的标志画下来，比如第一个标志是银行、第二个标志是一棵大树、第三个标志是一座红房子……这样一直画到赛程的终点。比赛开始后，我就以百米的速度奋力地向第一个目标冲去，等到达第一个目标后，我又以同样的速度向第二个目标冲去。40多公里的赛程，就被我分解成这么几个小目标轻松地跑完了。起初，我并不懂这样的道理，我把我的目标定在40多公里外终点线上的那面旗帜上，结果我跑到十几公里时就疲惫不堪了，我被前面那段遥远的路程给吓倒了。"

现实中，我们做事之所以会半途而废，其中的原因，往往不是因为目标难度较大，而是觉得成功离我们较远。确切地说，我们不是因为失败而放弃，而是因为倦怠而失败。所以，制定目标的时候，应该把总目标分解成一个个阶段性的目标，坚持下去，就能够最终实现职业生涯的总目标。

一、职业目标确立的基本步骤

求职者经过明确自我愿望、环境分析、市场细分和定位、自我评估后，进入设定职业生涯目标的环节。职业生涯目标设定一般分为四步。

第一步：职业生涯机会的评估。主要是分析内外环境因素对自己职业生涯发展的影响。每一个人都处于一个特定的环境之中，离开了这个环境，就无法生存与发展，所以，在制定个人的职业生涯规划时，要分析环境条件的特点、环境的发展变化情况、自己与环境的关系、自己在这个环境中的地位、环境对自己提出的要求、有利条件与不利条件分别是什么，等等。只有对这些环境因素充分了解，才能做到在复杂的环境中趋利避害，使职业生涯规划具有实际意义。

第二步：职业选择。通过对自我职业生涯机会的评估，求职者既要充分认识自己，考虑到自身的特点（即自己的性格、兴趣和特长等），又要充分分析环境，考虑到环境因素对自己的影响。分析自己，分析环境，了解目标职业，使自己的性格、兴趣、特长与职业相吻合，并在此基础上对自己的职业做出选择。这对即将步入社会，初次选择职业的大学生非常重要。

第三步：确定职业生涯路线。在选择职业以后，还须考虑向什么方向发展，是走行政管理的路线向职业经理人方向发展，还是走技术路线向专家方向发展。发展路线不同，对人的要求也就不同。有的人适合搞行政，可在管理方面大显身手，成为一名卓越的管理人才；有的人适合搞研究，可在某一领域有所突破，成为专家学者；有的人适合搞经营，可在商海大战中屡建功勋，成为一名商业奇才。

第四步：设定职业生涯目标。职业生涯目标的设定，是以自己的才能、性格、最大兴趣、最有利的环境等要素为依据，通过对这些要素的综合评估，得出结论。通常职业生涯目标可分为短期目标、中期目标、长期目标和人生目标，即短期、中期、长期和最终你要实现的职业希望和理想。

二、职业目标确立的基本要求

1.制定目标要具体

职业生涯目标必须明确、清晰、具体，才具有可行性。例如：当谈论目标的时候，不要只简单地说"我要找份好工作""我要成功晋升"之类的话，这只是愿景，不是具体的规划，因此没有办法具体落实。然而，"我的目标是成为××学校的优秀英语教师""我要在两年内把工资提升到月薪一万元"，这样的描述才能称之为目标。当我们开始做职业规划时，应该更加注重细节的具体化。以我们制定学习计划为例：我们要好好学习，但是，什么是好好学习呢？目标很模糊，很难界定，需要具体化，比如明确为"除了紧急情况之外，保证每天至少学习5小时"。那么，什么是紧急情况？又要具体定义，例如朋友来访、老师召集有事等。如果不规定清楚，到时实施起来就会无所适从。

2.目标设定可量化

可量化指的是可衡量、可测量，有一定的评定标准，尤其针对结果而言。具体可能还含有感性的成分，而量化却要求理性的数据和数字，拒绝"大概""差不多""快了"之类的模糊性修辞语。面对职业规划，我们不需要任何自我欺骗和任何借口，因为数字、事实会说明一切。因此，制定的目标最好以明确的数字来描述，如 "每天早上背诵课文40分钟""每周去图书馆6次，一次至少2小时"等。制定一个可量化的目标，能让一个人真切感受到自己在进步中，并积累成功经验和树立信心。此外，制定长远的目标最好将其分成几个渐进达成的步骤，并且随时检视是否需要修正进度或方向。

3.设定目标可达成

目标必须是"跳一下才够得着的目标"，这里含有两层意思：其一是目标不能太高，否则会让人望而却步；其二是目标不能没有挑战性，否则将失去意义，难以给人动力。

可达成是指目标必须是可以达到、实现的。职业规划设定的目标要高，有挑战性，但是，一定是可达成的，也就是说，要在我们能力所及的范围内，确定我们可以逐步达成且有成就感的目标。例如：有个同学没有音乐天分，甚至五音不全，却一直想当歌星，这目标对她而言是永远达不到的。因此，制定的目标应是可以靠自己的能力和努力达成的，而非不切实际或好高骛远的梦想。

4.目标具有相关性

目标的相关性是指实现此目标与其他目标的关联情况。如果实现了这个目标，但与其他目标完全不相关，或者相关度很低，那么即使达到了这个目标，意义也不是很大，因为已经偏离了最初设定的目标。例如：作为一名前台服务人员，计划学习英语以便接待外宾的时候用得上，这时候学好英语这一目标与提高前台工作水平这一目标直接相关。若她去学习数学，可能对工作的提高帮助有限，因为前台人员的数学水平与提高前台工作水平的职业目标相关度低。

5. 目标具有时限性

时限性是指制定目标时要有预计达到的进度和完成的时间表，这样才能确认要投入多少时间以及在什么时候完成。例如：要提高英语口语水平，这就不是目标。因为它无法衡量，也没有时间限制。而依照下面这个方法制定目标，英语水平才会有大的进步：

① 具体化——学习《新英语900句》；
② 可衡量——每天90秒内脱口说出所学内容；
③ 可实现——每天花费1个小时；
④ 相关性——每天掌握15句口语；
⑤ 时限性——在60天内学完。

三、确立职业生涯目标的方法

职业生涯目标的确立，应从一生的发展写起，然后分别设定十年计划、五年计划、三年计划、一年计划，以及一月、一周、一天的计划。计划确定后，再从一日、一周、一月目标实施下去，直到实现一年目标、三年目标、五年目标、十年目标直至人生目标。

1. 确定未来发展目标

这一辈子，想干什么？想成为什么样的人？想做哪一件或几件大事？想取得什么成就？想发挥自己哪一方面的优势与特长？想成为哪一个专业的佼佼者？把这些问题确定后，一个人的人生目标也就确定了。当然，目标是建立在自我分析与内外环境分析的基础上，否则目标就失去了意义。

2. 确定十年大计

为什么确定十年而不是二十年的发展目标？因为二十年太长，容易令人沮丧，十年正合适，而且十年工夫足够干成一件大事。今后十年，希望自己成为什么样子？有什么样的事业？将有多少收入？要过上什么样的生活？家庭与健康水平如何？将获得什么样的社会地位？把它们仔细地想清楚，一条一条地把它们记录下来。

3. 确定五年计划

确定五年计划，是将十年大计分阶段实施，并将计划进一步具体、细化。

4. 确定三年计划

俗话说，五年计划看头三年。因此，三年计划的制定，要比五年计划更具体、更详细。

5. 确定一年计划

制定一年的计划以及实现计划的步骤、方法与时间表，务必要具体、切实可行。如果从现在开始制定目标，则应单独写出今年的计划。

6. 确定下月计划

下月计划应包括下月计划做的工作，应完成的任务，质和量方面的要求，财务上的收支，计划学习的新知识和有关信息，计划结识的新朋友等。

7. 确定下周计划

下周计划必须具体、详细、数字化和切实可行,而且每周末提前计划好下周的计划。按照事情的轻重缓急去做,这对一个人提高办事效率是大有好处的。

8. 确定明日计划

明日计划里要确定出要做哪些事,哪几件是最重要的,非做不可的。把它们挑选出来,取最重要的三至五件事,按轻重缓急或先后顺序排好队,逐件完成。

四、职业生涯发展路径的设计

如果动机不转化成行动,动机终归是动机,目标也只能停留在梦想阶段。只有通过行动才能把目标变成现实,这是职业生涯规划中最艰难的一个步骤,因为这意味着要停止梦想而切实地开始行动。

远大理想的实现并不能一蹴而就,正如一位名家所说的:"我们命定的目标和道路,不是享乐,也不是受苦,而是行动,在每个明天,都要比今天前进一步。"

职业生涯目标的实现主要涉及职业生涯发展路线的选择问题。所谓职业生涯发展路线,指向专业技术方向发展、行政管理方向发展或是创业的行动路线。不同的发展路线对从业者的素质要求不同,今后的发展阶梯也不同。

职业生涯发展路线包括一个个发展阶梯,我们可以由低阶至高阶步步上升。例如:大学教师的职业生涯发展路线通常是"教员—助教—讲师—副教授—教授";而在企业中,财务人员的职业生涯发展路线可以是"会计员—主管会计师—财务部经理—公司财务总监"。

职业生涯发展路线主要有三种,即专业技术型路线、行政管理型路线和创业型路线。

1. 专业技术型路线

专业技术型路线是指朝向工程、财会、销售、生产、法律等职能性专业方向。共同特点:要求有一定的专门技术性知识与能力,并需要有较好的分析能力。如果一个人对专业技术内容及其活动本身感兴趣,并追求成功,喜欢钻研与独立思考,那么专业技术型路线会是个人最好的选择。相应的发展阶梯是技术职称的晋升及技术性成就的认可,奖励等级的提高及物质待遇的改善。如果一个人在开始时选择了专业技术方向,但仍然对管理有兴趣,并且希望在管理领域做出一番事业,完全可以跨越发展:一开始从事某种技术性专业,不断积累充实自己的专业知识,打下坚实的技术基础,然后在适当的时候,转向专业技术部门的管理职位。事实上,现代社会中的很多岗位都有这样的综合能力要求。

2. 行政管理型路线

如果一个人很喜欢与人打交道,处理起人际关系问题总是感到得心应手,并且由衷地热爱管理,考虑问题比较理智,善于从宏观角度考虑问题,并善于影响、管理他人,那么行政管理型路线是他最适合的选择。相应的发展阶梯一般是从基层职能部门开始,然后向中级部门、高级部门逐步提升,管理的权限越来越大,承担的责任也越来越大。发展的前提条件是个人的才能与业绩不断地积累提高,达到了相应层次职位的要求。行政管理型发展路线对个人素质、人际关系技巧的要求很高:要求个人具备良好的品格、荣誉感和奉献精神,有较高的自我成功期待,事业心强等思想素质;要求个人具备大局观念,富有远见,意志坚定，包容性强，灵活多变，勇于创新等心理素质；要求个人具备较强的沟通协调能力，善于识人用人，具有一定的决策能力，发现问题和处理危机的能力强等能力素质。如果个人综合素质较高且不断学习、进步，那么他的行政管理发展道路可能会达到一定的高度；如果个人综合素质中有突出的优势，又有明显的缺陷，那么他只能止步于较低层次的领导岗位。

3. 创业型路线

如果喜欢自由，具有创新意识、风险意识和拼搏意识，追求能施展个人能力的工作环境，希望按照自己的意愿安排工作方式、工作习惯和生活方式，那么可以选择自主创业型发展路线。这类人追求一种能最大限度地摆脱组织约束、能更好地施展自己职业能力的工作情景。

由于每个人的基础素质不同，适合的职业生涯发展路线也不一样。因此，在职业生涯发展路线的选择过程中，可以针对下面三个问题询问自己：我想在哪一路线上发展？我适合往哪一路线上发展？我可以往哪一路线上发展？

任务三

设计与评估职业生涯规划

大学生职业生涯成功的重要保证是职业生涯规划。它有助于个体明确人生未来的奋斗目标，适应社会的需求，提升自身的职业素养，并实现自己的人生价值。职业生涯规划流程，一般经过自我分析、发展机会评估、职业目标与路线的设定、职业发展策略、职业规划的反馈与修正五个步骤。

一、自我分析

自我分析是对自己做出全面评估，主要包括对个人的需求、能力、兴趣、性格、气质等的分析，以确定什么样的职业比较适合自己和自己具备哪些潜力。通过自我剖析认识自己、了解自己，以便准确地为自己定位。自我剖析，即要客观全面认清自我，充分了解自己的职业兴趣、爱好特长、智商情商、能力结构、职业价值观、行为风格、自己的优势与劣势等。认识自我，至少需要了解以下五个方面：喜欢干什么——职业兴趣；能够干什么——职业技能；适合干什么——个人特质；最看重什么——职业价值观；人岗是否匹配——胜任力特征。只有正确认识自己，才能进行准确的职业定位并对自己的职业目标做出正确的选择，才能选定适合自己发展的职业发展路线。

在职业规划过程中，强调自我剖析的核心作用及内容，能带来许多积极的影响，能使人们从长计议自己的职业，更重要的是，它使人们在职业管理中充分考虑个人的责任。另外，自我剖析还鼓舞着自己去尝试新的工作任务，挑战更艰巨的工作。

二、发展机会评估

发展机会评估主要是分析内外环境因素对自己职业发展的影响。人是社会的人，任何一个人都不可能离群索居，都必须生活在一定的环境中，特别是生活在一个特定的组织环境中。环境为每个人提供了活动的空间、发展的条件和成功的机遇。特别是近年来，社会快速变迁、科技高速发展、市场竞争加剧，对个人的发展产生了很大的影响。在这种情况下，个人如果能很好地利用外部的环境，就会有助于事业的成功，否则，就会处处碰壁，寸步难行，事倍功半，难以成功。

在制定职业规划时，要分析环境的特点、环境的发展变化情况、个人与环境的关系、个人在环境中的地位、环境对个人提出的要求以及环境中对自己有利与不利的因素等。环境分析主要是通过对组织环境特别是组织发展战略、人力资源需求、晋升发展机会的分析以及社会环境、经济环境等有关问题的分析与探讨，弄清环境对职业发展的作用及影响，以便更好地进行职业目标的规划与职业路线的选择。

三、设定职业目标与路线

一个人事业的成败很大程度上取决于有无适合的目标，凡是成功人士都有明确的奋斗目标。一个未来的成功者，必定是一个目标意识很强的人。美国成功学家拿破仑·希尔在《一年致富》中有这样一句名言：一切成就的起点是渴望，一个人追求的目标愈高，他的才能发展就愈快，一心向着自己目标前进的人，整个世界都给他让路。希尔认为，所有成功都必须先树立一个明确的目标，当对目标的追求变成一种执着时，你就会发现所有的行动都会带领你朝着这个目标迈进。职业规划必须有明确的方向与目标，目标的选择是职业规划的关键，是职业生涯设计的核心之一。选择职业发展路线则是职业规划的另一个核心内容，这些内容在本项目任务二里已经进行了详细介绍。

成功的职业规划，从制定合适的目标开始。通过前面两个步骤，对自己的优势劣势有了清晰的判断，对外部环境和各行各业的发展趋势和人才素质要求有了客观的了解，在此基础上制定出符合实际的短期目标、中期目标与长期目标。职业生涯目标选择的正确与否，直接关系到人生事业的成功与失败。据统计，在选错职业目标的人当中，超过80%的人在事业上是失败者。每个人的条件不同，目标也不可能完全相同，但确定目标的方法是相同的。正确的职业目标设定至少应考虑以下几点：兴趣与职业的匹配，性格与职业的匹配，特长与职业的匹配，价值观与职业的匹配，内外环境与职业相适应。同一时期的目标不宜多，目标要明确具体。可见，目标的抉择是以自己的最佳才能、最优性格、最大兴趣、最有利的环境等条件为依据的。

四、制定职业发展策略

在确定了职业目标后，行动便成了关键的环节，要实现职业目标必须有相应的职业发展策略作保证。职业发展策略是指为争取职业发展目标的实现所采取的各种行动和措施。例如：为达到工作目标，你计划采取哪些措施提高工作效率？在业务素质方面，你计划采取哪些措施提高业务能力？在潜能开发方面，你计划采取哪些措施开发潜能等。参加公司的教育、培训与轮岗，构建人际关系网络，参加业余时间的课程学习，掌握额外的技能与知识等，这些都是职业目标实现的具体策略，也包括为平衡职业目标与其他目标（如生活目标、家庭目标等）而做出的种种努力。通过这些努力，可以帮助个人实现在工作中的良好表现与业绩。职业发展策略要具体、明确，以便定期检查落实的情况。

五、反馈与修正职业规划

影响职业规划的因素有些是可以预测的，而有的变化因素则难以预测。事物总是处在运动变化中，由于自身及外部环境条件的变化，职业规划也要随着时间的推移而变化。要使职业规划行之有效，就必须不断地对职业规划进行评估与修订。在工作中，要有意识地回顾自己的言行得失，检验自己的职业定位与职业方向是否合适，在实施职业规划的过程中总结经验和教训，评估职业规划，修正对自我的认知。通过反馈与修正，纠正最终职业目标与分阶段职业目标的偏差，保证职业规划的行之有效，同时还可以极大地增强实现职业目标的信心。衡量职业发展方案优劣标准有很多种，从个人的角度，可以通过回答与价值观及兴趣的一致性、与组织需求的一致性、与职业需求的一致性、与环境需求的一致性等问题进行评价。

职业生涯规划的修正要根据评估的结果进行目标和策略方案的修订。修订的内容包括：职业的重新选择，职业生涯路线的选择，阶段目标的修正，实施措施与行动计划的变更，等等。总结起来，可以从以下三个方面来修正。

1. 职业方向的修正

通过对评估结果的仔细分析，发现导致职业生涯发展不顺利的原因主要包括：方向错误或者是缺乏对内外环境的客观分析，或者缺少对工作的真实体验，或者是自己的兴趣爱好发生了变化，等等。方向的正确与否是职业生涯成功的关键，这就要求我们必须重新进行全面的自我认识和评价，并重新评估外在环境，从而做出正确的职业选择。

应该说，职业方向上的选择错误对于年轻人，特别是缺乏工作经验的学生而言是很正常的。在前面的章节中我们曾经讲到过"职业锚"的概念，要准确地找到自己的"职业锚"本身不是件容易的事情，并且"职业锚"是以人们学习得到的工作经验为基础而建立的，一个人职业倾向的形成本身就需要一个工作积累和逐渐成熟的漫长过程。一个人的"职业锚"不是一成不变的，它也会随着主客观环境的变化而发生相应地改变。所以，我们应该正确认识自己在选择职业时的错误，不要沮丧甚至丧失信心，而是冷静分析积极改正。

职业的选择错误会直接导致职业目标以及职业生涯路线选择上的错误。在正确选择适合自身职业的基础上，我们要对职业目标、职业生涯路线、阶段性目标进行修正。总结前一阶段所取得的成绩、经验，保留与修正后的选择相一致的目标，删除一些没有实际意义或者与现在的选择相冲突的目标，并调整限定的时间。

2. 策略和措施的修正

如果我们从评估结果中发现，职业选择是正确的，职业目标的制定也是科学合理的，但是我们的职业生涯发展并不顺利，总是不能很好地完成目标，那么真正的原因很可能在于为实现目标所制定的策略和措施出现了问题。在分析自身实际与目标之间的差距之后，我们会采取一些措施，例如参加技能培训、学习进修、实践锻炼等，而这些措施又可以细化为参加什么样的技能培训班，选择哪个老师、哪本教材进行学习，应该去哪家公司的具体岗位实习锻炼等。这些细节化的措施都会影响到目标的实现,都是我们应该注意的地方。

3. 行为和心理的调整

在前面的叙述中曾经讲过,在评估反馈的过程中我们会发现,职业生涯发展的不顺利也有可能是因为心理和行为的不配合造成的。因此,在职业生涯发展的过程中,要善于调节自己的心理,保持最佳的状态。

（1）自信　要相信自己的判断和选择,切忌自我怀疑和犹豫不决。

（2）坚持　有毅力和持之以恒的决心,不要被外界的干扰所左右而放弃自己的计划。

（3）乐观　要有积极乐观的情绪。懂得快乐学习、快乐工作的人,才是懂得生活的人,这样的人最有可能获得职业生涯的成功。

通过评估反馈和修正,个人的行为和心理应该达到以下目标:

① 对自己的优势和强项充满信心（我很清楚我的优势和强项是什么）；

② 对自己的发展机会有一个清楚的了解（我知道自己有什么地方还有待改进）；

③ 找出关键的有待改进之处；

④ 为这些有待改进之处制定详细的行为改变计划；

⑤ 以合适的方式答复那些给予反馈的人,并表示感谢；

⑥ 实施你的行动计划,确保你能取得显著的进步。

总之,职业生涯规划是一个持续动态的过程,有效的职业生涯规划需要不断地反省修正职业生涯目标、反省策略方案是否恰当,以能适应环境的改变,同时可以作为下一轮规划的参考依据。

案例分析

大学生职业生涯规划书提纲

一、自我分析

结合指定的人才测评报告以及××等分析方法,我对自己进行了全方位、多角度的分析。

（1）职业兴趣——喜欢干什么　我的人才素质测评报告中,职业兴趣前三项是××型（×分）、××型（×分）和××型（×分）。我的具体情况是……。

（2）职业能力——能够干什么　我的人才素质测评报告结果显示,××能力得分较高（×分）,××能力得分较低（×分）。我的具体情况是……。

（3）个人特质——适合干什么　我的人才素质测评报告结果显示……,我的具体情况是……。

（4）职业价值观——最看重什么　我的人才素质测评报告结果显示前三项是××取向（×分）、××取向（×分）和××取向（×分）。我的具体情况是……。

自我分析小结：

二、职业分析

参考人才素质测评报告的建议以及通过××等途径方法，我对影响职业选择的相关外部环境进行了较为系统的分析。

（1）家庭环境分析 如经济状况、家人期望、家族文化等以及这些情况对本人的影响。

（2）学校环境分析 如学校特色、专业学习、实践经验等。

（3）社会环境分析 如就业形势、就业政策、竞争对手等。

（4）职业环境分析

① 行业分析：如××行业现状及发展趋势，人行匹配分析。

② 职业分析：如××职业的工作内容、工作要求、发展前景，人岗匹配分析。

③ 企业分析：如××单位类型、企业文化、发展前景、发展阶段、产品服务、员工素质、工作氛围等，人企匹配分析。

④ 地域分析：如××工作城市的发展前景、文化特点、气候水土、人际关系等，人城匹配分析。

职业分析小结：

三、职业定位

综合自我分析及职业分析的主要内容，得出本人职业定位的 SWOT 分析，填写在表 5-1 中。

表 5-1 职业定位的 SWOT 分析

内部环境因素	优势因素（S）	劣势因素（W）
外部环境因素	机会因素（O）	威胁因素（T）

本人职业定位的结论如表 5-2 所示。

表 5-2 职业定位的结论

职业目标	将来从事××职业，达到××目标
职业发展策略	举例：进入××类型的组织（到××地区发展）
职业发展路线	举例：管理、技术、科研或者创业
具体路径	举例：××员→初级××→中级××→高级××

四、计划实施

将实施计划填写在表 5-3 中。

表 5-3 计划实施一览表

计划名称	时间跨度	总目标	分目标	计划内容（参考）	策略和措施（参考）	备注
短期计划（大学期间）	××××年~××××年	例如：大学毕业时达到……	例如：大一要达到……大二要达到……或在××方面达到……	例如：专业学习、职业技能培养、职业素质提升、职业实践计划等	例如：大一以适应大学生活为主，大二以专业学习和掌握职业技能为主，或为了实现××目标我要……	大学生职业规划的重点
中期计划（毕业后五年计划）	××××年~××××年	例如：毕业后第五年时要达到……	例如：毕业后第一年要……第二年要……或在××方面达到……	例如：职场适应、三脉积累（知脉、人脉、钱脉）、岗位转换及升迁等		
长期计划（毕业后十年或以上计划）	××××年~××××年	例如：退休时要达到……	例如：毕业后第十年要……第二十年要……	例如：事业发展，工作、生活关系，健康，心灵成长，子女教育，慈善等		方向性规划

详细执行计划：

五、评估调整

职业生涯规划是一个动态的过程，必须根据实施结果以及变化进行及时的评估与修正。

（1）评估的内容

① 职业目标评估（是否需要重新选择职业）：假如一直……，那么我将……。

② 职业路径评估（是否需要调整发展方向）：当出现……的时候，我就……。

③ 实施策略评估（是否需要改变行动策略）：如果……，我就……。

④ 其他因素评估（身体、家庭、经济状况以及机遇、意外情况的及时评估）：……。

（2）评估的时间　一般情况下，我计划（半年或一年）评估规划，当出现特殊情况时，我会随时评估并进行相应调整。

（3）规划调整的原则　……

感悟与训练

一、大学生确立职业目标的意义是什么？

二、职业生涯目标确立的主要步骤和主要方法有哪些？

三、如何确立职业生涯路线？

四、试着撰写一份职业生涯规划书。

项目六

大学生就业形势分析

📖 名言警句

事之难易，不在大小，务在知时。

——《吕氏春秋》

📚 引导案例

审时度势，把握机遇

小孙同学是2020届高职毕业生，希望毕业时能去南方工作，但由于来自农村，且所在院校知名度一般，要想留在大城市工作会有些困难，因此，从大二起，他就开始进行职业规划，为就业做准备。小孙首先和老师交流并请求指导，对自己进行了客观分析，同时经常利用课余时间研究就业形势、就业政策、就业信息。在校招开始时，他积极投入到应聘活动中，他发现省一级的供需见面会对本科院校的毕业生可能更为有利，于是及时调整自己的求职方向，将目光放在了地市级等更大的范围内。同时他发现，一些地市为了吸引人才，新颁布的人事政策在接纳高职毕业生方面有优待。经过一段时间的努力，小孙成功地找到了一份心仪的工作。

毕业生在求职的关键时刻，一定要审时度势，对自身、社会做到充分的认知，有的放矢地进行求职活动。

✈ 教学目标

了解当前大学生就业形势及其影响因素，树立正确的就业观。帮助大学生学会审时度势，把握机遇。

⚙ 任务一

了解当前大学生就业形势

高校毕业生是国家宝贵的人力资源财富，是国家建设的栋梁之材，解决好高校毕业生的就业问题,关系到国家的长治久安和繁荣昌盛。一个大学生的就业事关一个家庭的未来,因此,大学生的就业现状和就业前景问题已成为社会普遍关注的民生话题。作为大学生,全面了解我国当前及未来一段时间的就业环境和就业形势是非常必要的,只有这样,才能提前做好求职规划、知识及技能储备,保证自己在毕业后找到理想的就业岗位。

一、毕业生规模再创新高,竞争激烈

伴随着高校招生规模的不断扩大,高校毕业生人数也在不断增长。2021 年,高校毕业生已高达 909 万人。当前我国就业形势延续总体平稳态势,但不确定、不稳定因素仍然很多,结构性矛盾仍然突出,就业难和招工难并存。据全球职业发展数据库提供的《2021 留学生归国求职意向调研》,2021 年希望回国就业的留学生数量相比 2020 年增加了 48%。2021 年发布的《经济蓝皮书》指出,目前中国的新冠肺炎疫情防控已取得阶段性成效,但从全球范围来看,疫情形势并没有得到缓解,疫情的发展形势仍存在较大的不确定性。

二、企业就业成为毕业生主要方向

中国人民大学中国就业研究所联合智联招聘发布《2020 年大学生就业力报告》,报告分析显示:从总体来看,企业就业为毕业生主要去向,其中,选择企业就业的比例最高,为 75.8%;其次,为自由职业和国内/外升学,所占比例分别为 7.7% 和 7.5%;而选择创业或其他的毕业生比例最低,仅占 2.8%;还有一部分学生选择"拟考研""拟出国"及"暂不就业"等形式的慢就业,比例为 6.2%。

薪酬福利、能力提升、职业发展、工作生活平衡成为毕业生找工作最看重的因素。具体来看,毕业生选择薪酬福利的比例最多,为 60.8%;其次,为能够学习新东西,所占比例为 45.5%;再次,为有清晰的职业发展路径和工作生活平衡,所占比例分别为 30.9% 和 30.5%。由此可见,薪酬仍为当前大学生求职看重的主要因素之一,但富有挑战性的工作、明确的职业发展通道和工作生活平衡的福利,同样能为企业招聘优秀人才带来竞争优势。

三、"高期望""慢就业"加剧

当大多数高校毕业生为找工作而焦急忙碌时,有一小部分学生既不着急就业,也没有继续深造,而是选择去游学、支教、在家陪父母或者创业考察等,慢慢考虑人生道路。这种做法被称为"慢就业"。"慢就业"现象的出现,一方面是人们的思维不再受到"毕业即就业"观念的限制;另一方面,随着社会经济的发展,大学生就业观念发生了转变,一些毕业生求职时过分看重地域条件和物质待遇,眼光盯着大城市、好单位,宁愿有业不就也不愿降低"身价",因此会出现"希望到大城市和好单位就业人数居多,愿意到小城市、边远地区和中小型民营企业就业人数居少"的现象。从地区分布看,高校毕业生到偏远地区和县级以下农村及城镇就业的比例明显偏低,出现严重稀缺现象,而东部沿海地区和大城市则出现"求职扎堆"现象。在思想观念方面,有些毕业生的大众化就业观念尚未普遍建立,明显存在就业期望偏高观念,人为地加大了就业难度。

四、新领域新业态从业人数增多

2021 年《政府工作报告》中强调"要支持和规范发展新就业形态",体现了国家对于新就业形态发展的重视。国家信息中心发布的《中国共享经济发展报告（2022）》的数据显示，2021年我国共享经济市场交易规模约36881亿元，同比增长约9.2%。报告预计，"十四五"时期我国共享经济新业态新模式迎来新的发展机遇，共享经济在生活服务和生产制造领域的渗透场景将更加丰富。随着共享经济的全面发展，平台新就业形态劳动保障制度体系将加快完善，平台企业主体责任将进一步明确。

五、高校毕业生就业逐步向第三产业倾斜

从世界经济发展规律看，随着科技水平的提高，第一、二产业的就业人数会逐步下降，而第三产业的就业人数会逐步提升。例如，对于大多数发达国家而言，第一、二、三产业就业人数占比通常在5%、25%和70%左右。2020年全年我国国内生产总值首次突破百万亿大关，达到1015986亿元，按可比价格计算，比2019年增长了29471亿元，同比增长2.3%，其中：第一产业增加值占国内生产总值比重为7.7%；第二产业增加值占国内生产总值比重为37.8%；第三产业增加值占比最多，为54.5%。因此，与发达国家相比，我国第三产业仍有很大的发展空间。相应地，第三产业将成为吸纳高校毕业生及其他劳动者就业的主要产业。

当前我国正处于工业化和信息化并行的阶段，第一、二、三产业的结构正在加速调整，今后第三产业将会快速增长，第三产业的就业容量和就业弹性较大。发展第三产业，尤其是新兴第三产业，如物流业、商务服务业、信息传输业、计算机服务和软件业、金融业、卫生、社会保障业、社会福利业、科技服务业，是解决大学生就业难问题的有效措施。第三产业中的大多数行业是非单一产业的产业群，能解决大量的人口就业问题。以旅游业为例，它本身在发展的同时，将带动"吃、住、行、游、购、娱"等相关产业的复苏。而随着每一个产业链中企业的兴起，就业的需求也应之而来，这将给青年就业创业提供更多新的选择。

六、"互联网+"就业模式尚需完善

"互联网+"通过其自身的优势，对传统行业进行了优化升级转型，使得传统行业能够适应当下的新发展，从而推动社会不断地向前，推进大学生精准就业。但同时，当前"互联网+"就业模式建设还存在理念认知上的偏颇、大数据技术在大学生就业服务中的应用还不够充分、就业指导服务方式还不够科学等现实之困。要让"互联网+"就业模式成为推进大学生精准就业的新业态，还需要进一步完善其实现路径。

任务二

影响就业形势的因素分析

一、国际国内经济形势瞬息多变，结构性矛盾对大学生就业产生影响

近几年发生的若干重大事件，将从技术、结构、规则等各个层面深刻影响未来较长时

期世界经济走势和经济全球化进程。总体看,当前世界经济呈现动能趋缓、分化明显、下行风险上升、规则调整加快的特点,加之突如其来的新冠肺炎疫情,严重影响了各国经济的发展。在未来几年内,新冠肺炎疫情也许仍将对经济产生持续的负面影响。

内外经济增速趋缓,将对就业产生一定影响。我国经济发展速度的放缓和经济结构的调整,客观上会对劳动者就业结构产生影响,同时也会对就业总体规模产生挤压效应,对劳动者就业产生影响。国际经济发展形势仍然不确定,风险和变数依旧较多,世界经济艰难复苏,影响着出口型经济及就业的发展。

二、综合素养与社会需求的偏差

随着我国经济体制改革的不断深入和劳动力市场的结构性变化,用人单位对人才的需求模式发生了显著的变化,更注重大学生的综合素养,主要表现在以下几个方面:一是服务意识,能否从客户的角度出发思考问题;二是解决问题的能力,即"问题拆解+框架思维+调用资源"三个能力的组合;三是创新能力,在各种实践活动领域中不断提供具有经济价值、社会价值、生态价值的新思想、新理论、新方法和新发明的能力;四是沟通能力,是个人素质的重要体现,暗含着一个人的知识、能力和品德;五是合作精神,它是大局意识、协作精神的集中体现;六是职业操守,即必须遵从的最低道德底线和行业规范。对于大部分大学生而言,整个大学教育阶段知识教育仍然占据较大比重,对于上述能力的建构仍然较为薄弱,与用人单位的需求之间存在不小的差距。

三、毕业生自身错误就业观念带来的就业障碍

大学生在就业观念方面存在一定的误区。首先,学生能力素质不够。学生的专业素质和综合素质与用人单位的要求还有一定差距,工作中经常存在理论与实践相脱节的现象。其次,学生自身定位偏颇。有些大学生对自身能力没有正确的评价,眼高手低,好高骛远,导致在就业时经常出现"高不成,低不就"的状态,这些情况会对大学生的择业和就业心理产生一定影响;还有的大学生存在盲目攀比或观望等待的态度,一味寻求好地方、大企业,最终错过就业就会。最后,诚信问题是近年来影响大学生就业的一个重要因素。个别毕业生在求职时弄虚作假,一方面导致用人单位对大学生的不信任,另一方面也影响了大学毕业生的整体形象。

树立正确的就业观念

大学生的就业观念是大学生在深入了解社会需求、充分认识自我的基础上,在就业活动过程中表现出来的比较稳定的观念体系、职业选择倾向和价值取向。树立正确的就业观念不仅有利于大学生顺利就业,而且可以在今后工作中克服困难、做出贡献、得到认可,为事业发展打下良好的基础。反之,如果没有正确的就业观念作指导,大学生就像一艘没有航向的轮船而易迷航。

一、树立家国情怀，努力建功立业

建设中国特色社会主义的伟大时代，是一个争奇斗艳、英才辈出的时代。在这样一个时代，大学生肩负着全面建设小康社会、努力构建和谐社会、实现中华民族伟大复兴的历史重任；也正是这样一个时代，为大学生施展聪明才智、实现报国之志提供了广阔舞台。广大青年要积极投身于新时代中国特色社会主义的伟大实践，努力在新时代改革开放事业的奋斗中成为可堪大用、能担重任的栋梁之材。

二、树立到基层就业的观念

毕业生在选择工作单位时，要把选择重心放在注意考察自己的人生价值与工作单位的组织文化是否一致，是否有利于施展才能，个人事业是否向前发展。广大农村、偏远地区、基层单位同样也是当代大学生展示的舞台。大学生在基层就业能得到多方面的锻炼，积累基层工作的实践经验，这对个人才能的充分发挥和自身的迅速成长是极为有利的。近年来，国家为支持和引导大学生到西部、到基层就业制定了一系列鼓励政策。大学生应积极响应党和政府的号召，敢于到农村去、到基层去、到国家最需要人才的地方去，那里才是大学生大有作为、发展事业的最佳舞台。

三、树立先生存再发展的就业观

一次选择定终身的择业观已成为过去，当代大学生不妨把自己的理想和目标分解成若干小目标，分步分阶段实现。任何单位对新招聘的毕业生，通常都是让他们从最基本的工作做起，在工作中考察他们的品行、能力、素质，然后根据他们的工作表现和岗位需要，逐步提高工资待遇、福利待遇，并安排晋升等。这个过程，既是用人单位对毕业生的了解过程，也是毕业生自我表现的过程。试想哪个单位会冒失地把重要岗位交给一个还没有表现出能力的新员工？毕业生如果特别看重工作条件和工资待遇，不肯从最基础、最基层工作做起，那么他的就业之路也不会很顺利。

四、提高综合素质，培养良好的职业道德

大学生不仅要学好专业知识，还要培养思想品德和综合素质。一名专业知识扎实的学生，只有具有正确的思想观念、诚信做人的态度，具有展示自己能力和综合素质的信心，才能成为自主择业、双向选择人才市场上的成功者。面对当前严峻的就业形势，当代大学生要扎实学好专业文化知识，为以后的就业打下坚实的基础。同时，要广泛涉猎知识，拓展自己的知识面，积极参加各种社会实践活动，培养勇于创新的精神，树立务实、奉献的正确就业观。

感悟与训练

一、大学生就业形势调研

调研目的：了解当前我国大学生就业形势，及时调整自身的职业发展规划，为今后的职业发展打下坚实的基础。

调研内容：当前我国大学生就业形势，本地的就业形势以及所学专业的就业需求。

调研方式：以小组为单位，通过网络、访谈以及调查问卷等方式进行调查，形成调研报告。与其他小组同学进行交流。

二、主题辩论

辩论主题：大学生应"先就业后择业"vs大学生应"先择业后就业"。

辩论背景：大学教育从精英化走向普及化，这是一个不以我们个人意志为转移的、历史性的转变。高校毕业生就业将在一个相当长的时间内处于"买方市场"，在社会需求总量增加不大的时期内，应该树立怎样的就业观，才能在日益汹涌的就业大潮中找到自己理想的岗位呢？

正方：大学生应"先就业后择业"；反方：大学生应"先择业后就业"。

正方辩论角度：资源配置角度、经济成本角度、实践检验角度。

反方辩论角度：资源浪费角度、就业成本角度、人生价值角度、诚信信誉角度、人生态度角度。

项目七

准备求职材料

📚 名言警句

推销自己是一种才华,是一种艺术。有了这种才华,你就能安身立命,使自己处于不败之地。

——戴尔·卡耐基

📖 引导案例

一份简历包打天下?

小关是一名药学研究生,他的职业目标首选是在高职学校任教,其次是做一名高校辅导员,最后是成为医药公司研发人员,为此,他设计了三份简历。在应聘高职院校教师的简历中,他重点突出自己的科研成果;在应聘高校辅导员的简历中突出自己任学生干部的工作经历;应聘医药公司研发人员时突出自己的实验操作能力。三份简历投往不同的岗位,他认为,只有这样做才能收到有的放矢的效果。

制作简历要讲究针对性,千万不要用同一份简历去投递所有的职位,针对每一个公司和职位要求制作内容不同的简历。在简历中重点列举与所申请公司及职位相关的信息,弱化对方并不重视的内容,这样才容易脱颖而出。

✈ 教学目标

掌握求职信和简历的基本内容和撰写的注意事项,为求职做好积极准备。

🌐 任务一

求职信的撰写

求职信也称自荐信,是应聘者以书信的方式自我举荐、表达求职愿望、陈述求职理由、提出求职要求的一种信函。通过它,求职者向用人单位展示自己适合该工作岗位的知识水平、工作能力、人格魅力。一封好的求职信，是一个自我推销的广告，是毕业生施展自己才华的一个途径。

很多公司都是通过网投收取求职者的简历。求职者在发送电子邮件的时候，如果能以一封求职信作为电子邮件的正文部分，向用人单位推荐自己，这样既能让人力资源部门下载简历时先行阅读你的陈述，又能给对方留下懂礼貌、有礼节、做事有条理的良好形象。

一、求职信的格式

求职信的重点在于"荐"，在构思上一定要围绕"为何荐""凭何荐""怎样荐"的思路安排，求职信的书写格式与一般书信大致相同，标准的求职信由标题、称谓、正文、结尾、落款、附件六要素组成。

（1）标题　标题写在首行的正中间，字体略大，醒目。标题为"求职信"或"自荐信"等字样。

（2）称谓　称谓是对接收人或看信人的称呼。如果用人单位的收信人很明确，可直接写上收信人姓名，前面用"尊敬的"加以修饰，如"尊敬的×××先生/女士"。如不熟悉也不知道用人单位有关人员的姓名，则统称"尊敬的领导或尊敬的先生/女士"，如"尊敬的某集团公司负责人"。需要注意的是，写求职信的目的在于求职，所以称谓应严肃谨慎、有礼貌，既不能随随便便，又不能过分亲昵。称谓后的问候语一般应为"您好"而非"你好"，更不能用"你们好"。

（3）正文　正文是求职信的核心部分，其形式多样，风格各异。要打动用人单位，正文部分的措辞和行文风格要反复揣摩和修改。

一般而言，正文部分的内容包括以下内容：

① 表明你想申请的职位。

② 介绍能胜任本岗位工作的能力：专业核心课程、成绩排名、奖学金、职业资格证书、学习或实习经历等知识技能；合作、学习、沟通、创新等通用能力（可结合岗位举例说明）；诚实、自信、耐心、负责、热情等（可结合岗位举例说明）。

③ 正文最后一段，进一步强调求职愿望，期望得到用人单位的认可及接纳。

（4）结尾　这部分内容主要体现应聘者对招聘人员的感谢。在求职信的末尾，加上一句"我热切期盼您的答复"或者"我希望能获得与您面谈的机会"。值得注意的是，正文后的问候祝颂虽然只有几个字，但有着不可忽视的作用。在结尾处要写上"此致""敬礼"。"此致""敬礼"的写法有两种。第一种写法：在正文之下另起一行空两格写"此致"，"敬礼"写在"此致"的下一行，顶格书写。要注意的是，"此致"后边不加任何标点，因为这句话未完。"敬礼"后加惊叹号，以表示祝颂的诚意和强度；第二种写法：正文后紧接着写"此致"（其后不加标点），另起行顶格写"敬礼！"。

（5）落款　落款应署名并注明日期。署名应与信首的称呼相呼应。需要注意的是，不管求职信是打印的还是手写的，署名一定要手写。署名下方要写上完整日期，同时最好注明联系方式。

（6）附件　求职信的左下角写上"附件"及其目录。有针对性地附上重要的证明材料，如专家推荐信、学历证书复印件、成果（专著、论文、奖项）扫描件、实习与实践证明材料、能力证明材料等。

二、求职信的撰写要求

1. 量体裁衣，量身定做

针对不同的招聘单位和具体的求职职位，撰写求职信时，应在内容侧重点上有所不同，必须有明确的针对性。只有这样才能把自己的强项表现出来，将自己的亮点展示出来。

2. 突出主题，引人入胜

为了快速吸引招聘单位的注意，在求职信中要重点突出求职者的背景材料中与招聘单位关系最密切的内容。通常招聘单位对与招聘职位有关的信息最为敏感，因此求职者要把自己符合招聘职位要求的特长、能力、个性等重要信息表达清楚。

3. 言简意赅，避免冗长

求职信要简明扼要，短小精悍，避免空泛和啰嗦，长度最好不要超过一页，除非招聘人员索要进一步的详细信息，因为求职信过长会妨碍招聘人员对信中重要内容的理解。

4. 语句通顺，文字规范

一封好的求职信不仅能体现求职者清晰的思路和良好的文字表达能力，还能反映出其性格特征和职业化程度。所以，一定要注意细节，检查结构、语法、甚至标点，否则会让招聘方认为求职者未受过良好的教育，或者认为求职者对此次求职并不重视。

5. 实事求是，切忌吹嘘

从求职信中看到的不只是一个人的经历，还有品格。诚实是用人单位对新员工最基本的要求。有的求职信的语言朴实无华却又情真意切，因此，在措辞上切忌浮夸，不要过度吹嘘。

三、求职信范例

范例1

求职信

尊敬的领导：

您好！我是一名即将毕业的专科毕业生。我很荣幸有机会向您呈上我的个人资料。在投身社会之际，为了更好地发挥自己的才能，谨向领导做以下自我推荐。

伴着青春的激情和求知的欲望，我即将走完大学的求知之旅。美好的大学生活，培养了我科学严谨的思维方法，更培养了我积极乐观的生活态度和开拓进取的创新意识。课堂内外的学习与实践，让我打下扎实的专业基础，开阔了视野，积累了社会实践经验；在不断的学习和工作中养成了我严谨、踏实的工作作风和团结协作的优秀品质。我深信自己完全可以在岗位上守业、敬业和创新！我相信我的能力和知识正是贵单位所需要的，我真诚渴望，能为贵公司的明天奉献自己的青春和热血！

21世纪呼唤综合性的人才，我个性开朗活泼，兴趣广泛；思路开阔，办事沉稳；关心集体，责任心强；待人诚恳，工作主动认真，富有敬业精神。在大学的学习生活中，我很好地掌握了专业知识，学习成绩一直名列前茅。在学有余力的情况下，我阅读了大量专业和课外书籍，自学部分工商管理课程，并熟悉掌握了各种设计软件的操作。

自荐书不是广告词，更不是通行证。但我知道：一个青年人，可以通过不断的学习来完善自己，可以在实践中证明自己。如果我能喜获贵公司的赏识，我一定会不遗余力地用实际行动证明：为贵公司的未来，我愿奉献我毕生的心血和汗水！再次致以我最诚挚的谢意！

  此致

敬礼！

求职者：
2021年1月4日

范例2

求职信

尊敬的领导：

  您好！我叫××，今年22岁，是××职业技术学院机械工程学院2021届毕业生。从贵公司网站获悉贵公司计划招聘机电设备维修人员，特来信应聘。

  在校期间，我主修机械制造与自动化专业，学习认真，成绩优良，连续三年获校奖学金，并获得国家大学英语四级、计算机三级等级证书。本人实践动手能力较强，在校期间积极参加职业技术技能培训。毕业实习期间参加××电器公司自动生产线的安装调试工作。我曾担任班级学生干部，能主动团结同学，协助辅导员老师积极开展好班级工作。我性格开朗，爱好体育运动，曾多次在校田径运动会上夺得名次。

  我确信自己能够胜任贵公司机电设备维修一职。如果能成为贵公司的一员，我愿意从基层一线的工作做起，努力工作，为贵公司的发展贡献出自己的聪明才智。随信寄上本人简历及相关证件的复印件，请审阅。希望赐复。衷心祝愿贵公司宏业兴盛！

  此致

敬礼！

求职者：
2021年5月24日

范例3

求职信

尊敬的领导：

  您好！我在××网站上看到贵公司计划招聘市场助理人员，我对这个职位非常感兴趣。我是××大学××学院市场营销专业的学生，有市场调查和客户服务的工作经验。我很愿意并有信心为贵公司做出贡献。

  我的优势是具备市场调查和产品推广的工作经验。实习期间，我作为××营销协会的公司市场代表，负责公司新赞助商的开发工作，主要工作是调查和联络潜在赞助商，最终我取得捐款额增长10%的成绩。

  贵公司能给我机会的话，我相信，通过不断学习和实践，我能成为一名很有价值的员工。非常感谢您抽时间考虑我的申请，期待着能有机会与您见面。

此致

敬礼！

求职者：

2021 年 3 月 6 日

 任务二

简历的撰写

个人简历是应聘者针对用人单位的招聘要求并结合自己的求职意向，精心设计完成的关于自己学习、生活、工作经历等内容的概括集合，是应聘者介绍自己、推销自己的工具，也是自荐材料中最为关键的材料。一份准备充分的简历可以吸引招聘者的目光，大大提高求职成功的概率。

一、简历的主要内容

撰写个人简历的目的是将应聘者的个人情况用最简练的文字展现在招聘者面前，让用人单位对应聘者有一个简要清晰的总体了解，初步判断应聘者是否有可能适合本单位和具体工作岗位的要求。个人简历的内容包括个人基本情况、求职意向、教育背景、资历等基本要素。

1. 个人基本信息

个人基本信息主要包含应聘者的姓名及联系方式，其主要作用是方便招聘者清楚、简单地知道简历的归属和联系途径。因此，个人基本信息的内容应该简单、直观、清晰。个人基本信息可以分为必要信息和可选信息。其中，必要信息包括：姓名、性别、联系方式（移动电话、固定电话、Emil、邮寄地址）；可选信息包括：年龄、政治面貌、籍贯、民族、健康状况、身高、照片等。个人基本信息的写作要点如下：

① 姓名：中文简历一般直接写出名字，以二号黑体加粗字体来突出表示。

② 地址：一般应以当前能联系到应聘者的邮寄地址为准，然后注明邮编。

③ 电话：手机号码，建议采用"3-4-4 模式"即×××-××××-××××，这样便于查看。固定电话加区号，如（××××）××××-××××。

④ 邮箱：要选择比较稳定的邮箱系统。邮箱的用户名也需要特别注意，要显得专业、成熟并且职业化。

2. 求职意向

求职意向是个人简历的核心内容，是对自己希望从事职业的地域、行业、岗位等方面的描述。主要结合应聘岗位及招聘方对该岗位人员的具体要求来写，语言要精练、概括性强，避免含糊笼统、毫无针对性。一份简历尽可能只体现一个求职意向，如果我们有多个职业目标，最好分别撰写不同的简历。从有利于就业的角度出发，建议应届毕业生在简历中

一定要写上求职目标。因为如果你什么都不写，招聘方很难确定你适合从事哪个岗位，在大量的简历面前，他们不会花太多时间考虑你的背景更适合哪个岗位，导致应聘者很可能失去工作机会。求职意向的最佳写法：行业+职业或者是精准的职位名称。若准备海投简历，则可以按照大的类别写，如软件类、计算机类、金融经济类；或者按专业写，如化工专业、机械专业、会计专业；或者在简历上预留一定空间，在现场应聘时或宣讲会上手写。

3. 教育背景

对于应届毕业生来说，教育背景是个人简历中一个很重要的信息，主要是个人从大学阶段到毕业前所获得的学历。受教育经历一般以时间逆序的方式进行，最近的学历放在最前面，最远的学历放在最后，以此类推。教育背景也分为必选信息和可选信息，其中必选信息包括起始时间段、毕业院校、专业和学历等。可选信息包括研究方向、主修课程、辅修课程、成绩排名、研究方向、论文题目等。

教育背景的写作要点如下：

① 学校信息：便于招聘方迅速识别毕业院校。

② 专业：不要任意增减自己所学专业的规范写法。若是跨专业求职，你的双学位或者辅修经历就尤为重要。例如：本专业是化工类专业，又辅修了市场营销专业，如果应聘者想从事市场营销工作，那一定要淡化化工专业的背景，强调突出经济学的专业背景。总而言之，根据应聘岗位突出相应的专业学习经历。

③ 学历和学位：如果是应届毕业生，写上毕业时能够获得的学历和学位即可，不用填写"在读"。

④ 主修专业课程：一般应该列出 5～10 门自己所学专业的核心专业课程，不要将在校期间所学的所有课程都列进去。另外，如果专业课程中有与目标职位特别匹配的，则可通过增加"课程成绩"项目加以列示，跨专业求职则在自修课程或培训内容中列出。

4. 实践经历

实践经历是用人单位招聘人员的主要参考要素之一。一份优秀的简历，与职业目标相关的工作经历（经验）是核心。招聘方在查看简历时，最感兴趣的就是实践经历部分。如果应聘者已有的工作实习经历或社团经历与其应聘的职位或者公司业务需求相关，则简历通过的概率会大大增加，因为相关的实践经历往往最能够体现职位要求的技能，例如兴趣爱好、团队精神、组织能力、协调能力、领导能力等。

要想写好工作实习经历的具体内容，突出闪光点，可以遵循"PAR"法则。以某同学在某求职网站的实习经历为例，撰写个人实践经历：

① 问题、背景（Problem）：负责网站与目标高校、企业合作推广计划的实施。

② 行动（Action）：采用电话访谈方式调研 400 家高校就业网，与就业处老师进行沟通，联系合作事宜；对 700 多家企业进行校园招聘调研，撰写调研报告，完善网站服务项目。

③ 结果、成就（Result）：与 200 多所目标高校就业处老师保持沟通，与 625 家目标企业达成合作意向，撰写 5000 字的企业调研报告。

在使用"PAR"法则时，还要注意三个技巧。一是用数字说话，例如为公司节省了多少成本，提高了多少收入，或者被授权支配了多少预算等；时间，主要指如何想方设法在很短的时间内取得很大的成绩,以体现工作高效率;数量,数量往往能从规模方面突出工作效率和能力。二是用专业术语表达,有的同学会比较困惑于实习或者兼职所做的工作零星琐碎,层级较低,在简历中不会使用恰当的词句描述。实际上,同一件事情用不同的表达方式会产生不同的效果。用专业名称和专业术语表达,会显得更加成熟和专业。有些同学没有公司实习的经历,只有类似于在商场进行产品促销、发放传单等经历,那么在保证经历真实的前提下,可以尽量使用专业化的语言来表达,例如可以将"发放传单"表达为"传播产品信息"。三是善用一些比较主动、积极和强势的动词突出自己的成就,例如"负责""发起""独创""独立负责"等词语,这些动词比"参与组织"等词语更能体现个人的贡献和成就。

5. 所获奖项

所获奖项即应聘者的获奖情况,可填写在大学期间所获得的各种奖项。在描写奖励情况时,应特别注意强调奖励的级别及特殊性,也就是说,奖项必须是对应聘很有帮助的,能够反映外界对自己能力的评价和认可程度的。所以,最好能够将所获奖励的难度以数字或者获奖范围表示出来,让招聘方明白所获奖励的含金量,从而增加简历通过筛选的概率。

6. 职业技能

职业技能是指应聘者所具备的职业技术水平及能力,是求职简历中非常重要的一部分。在简历中要体现自己具备从事该项职业的相关技能,也就是通过大学期间的专业学习、培训、实践训练和积累,目前已经具备了目标职业要求的哪些职业技能,例如职业技能鉴定等级证书、职业资格证书、从业资格证书等。

外语水平、计算机操作技能已逐渐成为应聘者必备的能力要求。因此,相应的资质、等级证书以及与应聘职位相关的职业技能资质和等级证书都应包含在个人简历之中。如果在国家权威外语测试认证中取得的成绩是优秀或者分数较高的,建议在简历中写出来,作为能力水平的佐证。

7. 兴趣爱好

不同的爱好隐藏着不同的职业特质。喜欢阅读、听音乐,传达出这个人有一定的知识内涵,丰富、内敛;喜欢踢足球、打篮球,传达个人具有运动感和团队协作意识,并且良好的身体素质有助于更好地接受压力;爱好旅游,传达出个人具有独立性和开拓性,等等。所以,个人的兴趣爱好如果能贴合目标职位的岗位要求,会对获取面试机会有所帮助。

8. 自我评价

自我评价一般只需要应聘者针对其所应聘的职位特点有侧重地列出几条即可,千万不要全方位罗列。例如:应聘销售岗位则重点强调自己的沟通能力、抗压能力;应聘行政岗位则重点强调自己的细心谨慎、责任心强。

二、简历的版式设计

1. 篇幅

简历的篇幅最好控制在一页纸以内,给人以简洁精练的印象。研究表明,招聘者更愿意阅读一页的简历,在初选简历时浏览到第二页的情况比较少。因此,为了获得面试机会不宜把简历的内容写得过长,以免显得拖沓。

如果觉得自己的经历确实很有说服力,一页简历难以展示自己的强项,也一定注意两点:①务必将最相关、最能体现个人优势的信息放在第一页;②务必保证将第二页充满2/3以上,不能在第二页上只写几行内容,那会非常糟糕。

2. 排版

虽然说简历以一页为最佳,但切记不要将简历内容安排得太多,让简历看上去密密麻麻。类似书法上的留白一样,简历内容也并不是写得越多越优秀。适当设置页边距和留白等,会让简历显得更加美观大方,也能让招聘者在浏览简历时看着更舒服些,不至于太吃力,增加简历通过筛选的机会。

在描述学习、实习、工作和社会实践经历等具体内容时,注意使用统一的项目符号来对齐,不要一张简历使用多种不同的项目符号,显得没有章法。

3. 字体

简历正文部分一般采用宋体或微软雅黑,大小可用五号或小四号字体,正文部分尽量避免使用多种字体,少用斜体和下划线;中文简历上的姓名一般用大号字,通常为二号字,来突出强调自己的名字,加深在招聘者头脑中的印象;教育背景、实习和工作经历等每项要素的标题可以用黑体字来强调和区分标题与内容;简历写完后,检查所有简历要素的字体是否协调,确保美观大方。

三、求职信与简历的区别

表 7-1 汇总了求职信和简历在格式和撰写内容的区别。

表 7-1 求职信和简历的区别

序号	对比项目	求职信	简历
1	格式	带有称谓及落款的信函	表格式、标题式的叙述文稿
2	版本	量身定做,一稿独投;对招聘单位近期重大事件的认识	可一稿多投
3	侧重点	强调自己未来能为招聘单位创造的价值	对过去业绩和已有能力的描述
4	具体性	综合介绍自身能力,必要时写出体现能力的具体事件作为论据	通过描述在具体公司中所做的一些事件来体现自身工作能力
5	评价角度	可有自我评价色彩,但内容不能太多,评价不能太主观	要显示出是在客观地描述自身的能力
6	必要性	以下情况可以不必有求职信:招聘单位没有要求一定要附求职信;没下功夫为每个招聘职位量身定做;求职信内容与简历内容区别不大	必须提交

四、简历的主要形式

随着社会发展和科技进步,简历的形式也变得多种多样。目前,常见的简历形式包括纸质简历、电子简历、视频简历、信息图表简历、PPT 简历以及个人网页式简历等。

1. 纸质简历

纸质简历是最传统的简历形式,也是应用范围最广、最为常见的一种简历形式。

2. 电子简历

电子简历并不是一种特别的简历类型,但是由于招聘方对电子简历处理上的特殊性,求职者要特别注意使你的简历适合搜索和检索,并且确保你使用的关键词准确有效,能够让计算机准确搜索到。电子简历一般以发送电子邮件的形式进行投递。

3. 视频简历

视频简历,是把求职者的形象与职业能力表述通过数码设备录制下来,然后对录制后的影像编辑及播放格式转换,再通过播放器播放出来的一种可以观看求职者影音形象的简历形式。视频简历凭借客观的影音效果以及丰富的信息量,快速拉近了求职者和招聘方的距离,能使用人单位在较短的时间内更详细地了解求职者的情况。

视频简历有传统的纸质简历不能比拟的优势:视频简历让招聘方看到、听到并体会到求职者的实际表现及内心感受。另一方面,观看视频简历可能需要3~5分钟或更长时间,但是浏览纸质简历只需要1~2分钟,因此浏览纸质简历效率更高。

4. 信息图表简历

在实际招聘活动中,有一些求职者打破传统模板,将自己的能力、技能以及过去的经历,列示于相应的表格或图表中。信息图表简历一般使用多种数据穿插的表格形式,能够使信息扁平化、直观化。

5. PPT简历

PPT简历是指使用PowerPoint软件对简历中的信息进行处理,将信息显示和制作在PPT上的一种简历形式。PPT简历可以采用自播放模式,信息简练,重点突出,还可以加上音效和动画效果,能让求职者用自己的方式介绍自己和讲述自己的经历。

6. 个人网页式简历

个人网页式简历也就是网络版的电子简历,即HTML格式(个人网页式)的电子简历。个人网页式简历,比传统简历利于在网上传播。国内外有大量多媒体简历在线生成网站,可以更生动形象地描述应聘者形象,同时也可发布到网上,还可以通过电子邮件投递。

在制作视频简历、PPT简历或个人网页式简历等多媒体简历的实际操作中,不但要关注形式和美感,更重要的是关注实质内容和实际效果,在展现自己特长的同时,也要表明求职意向以及个人要求。另外,由于网络的公开性,同学们在利用互联网上传多媒体简历时,一定要保护好自己的隐私,如家庭情况、身份证号码等。

五、求职材料的投递

作为招聘方来说,接收求职材料的渠道是多样的,每种方式都各有利弊,应聘者需要根据自身的情况投递求职材料,以减少时间、精力和资源上的浪费。目前,求职材料投递的方式主要有本人亲自递交、邮寄和利用网络投递等。

1. 本人亲自递交

按照招聘单位指定的时间,在招聘会或者企业宣讲会现场,将自己的求职材料直接送达给招聘方。通过此种方式,本人能够有和招聘方初次面谈的机会,以表达自己选择用人单位的强烈意愿,为自己在众多求职者中脱颖而出创造一个便利的机会。在参加招聘会或企业宣讲会投递求职材料时应注意:应聘者先了解参加招聘会的招聘单位及相应的职位,针对不同的行业、不同的公司准备不同版本的求职材料,并且要准备充足数量的求职材料。

由于招聘会上与每位招聘人员的谈话都相当于第一轮面试，所以无论从态度、着装还是言谈举止，都要以面试的标准来要求自己。

2. 邮寄求职材料

按照指定的时间、地点将自己的个人求职材料以信函的方式投递到招聘单位。作为应聘者，我们在向用人单位邮寄求职材料时，应注意以下几点：注意招聘信息中对于求职者要邮寄材料的内容要求；注意招聘信息中关于邮寄求职材料截止日期的说明，建议应聘者尽早投递，以免因邮寄过程中的不确定因素而影响招聘方接收求职材料；如果是接收纸质材料，尽量使用大号的牛皮信封包装，不要折叠求职材料，注意需要在信函的封面上注明应聘的字样和应聘的岗位，字迹要书写工整、清楚；如果信封内求职材料比较多，建议列一个材料目录清单；邮寄求职材料之后记得做好记录，包括邮寄时间、应聘公司的名称以及职位等，以便后续跟踪求职进展。

3. 通过电子邮箱投递求职材料

网上求职已经成为当今大学生找工作的一大途径，由于其简单快捷而得到用人单位与大学生的青睐。招聘方通过电子邮箱直接接收应聘者的求职材料，并将符合招聘要求的应聘者遴选出来。这种方式省时省力，能有效节约招聘成本。通过电子邮箱投递求职材料，需要注意以下事项：

① 邮件标题的设置。如果招聘方在职位信息中明确了用哪种格式为主题，建议尽量按照要求执行，因为这是初步筛选的标准；如果没有明确要求，则至少也要在邮件主题上写明你的求职意向、姓名、联系方式等，以方便招聘方审核你的求职材料。

② 求职材料转成 PDF 格式。市场上主流的文档制作软件有 Office 及 WPS 两种且有多个版本，另外还有一些非主流软件。如果在文档中使用了一些个性化的字体，而对方的电脑中没有这个字体的话，在显示时会出现文字变形、行距和字体大小不统一等情况，所以最好把文档统一转换成 PDF 格式，以保持文档原貌。

③ 不要仅使用附件发送。因为有些公司的邮件系统会拦截带附件的邮件，而且把附件放在邮件正文也能让招聘人员第一眼就能看到你的求职材料，减少打开附件的等待时间。另外，出于邮件系统安全考虑，很多单位也会要求把求职材料直接附在邮件正文中。

④ 网络申请。指应聘者通过招聘方指定的招聘网站或者官方网站来投递求职材料，招聘方通过设定特定的在线问题、筛选标准来进行求职材料筛选。一般而言，网络申请填写的内容与普通求职材料的内容大致相同，在填写时，需要注意以下事项：一是网络申请明细中，一般分为必填项和可选项，即使是可选项，建议也全部填满，这样能大大增加求职材料被检索的概率；二是在填写手机、E-mail 等联系方式时，一定要保证准确，以便招聘方能够及时与你取得联系；三是慎重选择应聘职位，多数公司的网络申请允许应聘者选择多个职位，但切勿因此盲目选择所有的职位，特别是工作性质和工作内容相差比较大的职位；四是合理使用关键词，建议应聘者通过阅读招聘职位要求来预测网络申请的关键词，在填写网络申请资料时，需要结合自己的经历，合理分配那些能代表自己能力、素质和技能的关键词。

感悟与训练

一、针对目标职位要求写一封求职信。

二、请根据简历制作要点制作一份求职简历,注意运用动词开头、数字说话、体现关键专业术语、结果证明展示你的实践经历,并从招聘方的角度审视自己的简历是否紧扣岗位核心要求。

项目八

准备笔试、面试

📚 名言警句

没有尝试，就没有成功；唯有面对困难或危险，才会激起更高一程的决心和勇气。

——纳尔逊

📖 引导案例

意想不到的电话

几天前，周文静向一家酒店投了简历，应聘职位是酒店前台服务员。对方问了几个简单问题后，微笑着对周文静说："你的条件非常适合这项工作，我们会尽快通知你参加复试。"回到学校，周文静正在吃饭时，突然手机响了。"喂，谁啊？"周文静放下筷子开口问道。"您好，请问是舒兰吗？"电话的另一端传来一阵温柔的声音。"你打错了！"周文静没好气地回答。"那您是谁呢？"周文静心想，真是太讨厌了，打错了还纠缠不休，于是生气地说："我姓周，你这人是不是有毛病啊，明知打错了还问！""噢，是周文静吗？对不起，我打错了。"三天后，那家酒店还没通知周文静去参加复试，于是周文静打电话过去询问。对方说："我们已经通过电话面试过你了，你已经被淘汰了。作为酒店前台服务员不仅要善于沟通，还要善于倾听，要有耐心、有礼貌，这样才能和客户进一步交流，更好地为客户服务。"这时，周文静才如梦初醒，难怪对方知道她的名字呢！

周文静同学"电话面试"失败的教训告诉我们招聘面试的形式是多种多样的，对此，毕业生要有认知和准备。另外，无论哪种形式的面试，都是对学生已具备的综合素质或专业技能的检测，只有注重平时的积累和培养，才能从容应对各种"检验"。

✈ 教学目标

掌握面试方式、方法和技巧，提高自我推销能力。

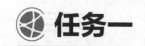

任务一 笔试准备

笔试是一种常用的考核办法，它是用人单位采用书面形式对求职者所掌握的基本知识、专业知识、文化素养和心理健康等综合素质进行的考查与评估。笔试对应聘者来说是相对公平的一种测试方式，因而被越来越多的用人单位所采用。

一、笔试的种类

1. 专业能力考试

专业能力考试主要考核应聘者在担任某一岗位时所需要的专业知识以及胜任该岗位所能用到的各种专业能力，包括应聘者的实际工作能力和岗位所需的专业操作能力。

2. 职业能力测试

这类测试一般包括性格测试、职业能力倾向测试等，通常在应聘者投递简历、网上申请时进行，或者安排在面试后进行。这类测试的目的是要寻找符合公司文化、具备职位要求的个人特质的理想求职者，如果应聘者不符合相应标准，即使其他方面达标也会被淘汰。虽然这种办法有点残酷，却是一种筛选人才的有效方法。著名外企的笔试中都有类似性格测试的部分。

3. 智商测试

智商，即智力商数（Intelligence Quotient），系个人智力测验成绩和同年龄被试成绩相比的指数，是衡量个人智力高低的标准。智商概念是美国斯坦福大学心理学家特曼教授提出的，用公式表示即 IQ=MA（心理年龄）/CA（生理年龄）×100。智商表示的是人的智力发展水平，表现为一个人的抽象思维、形象思维、思维方式、推理能力、注意力、头脑反应速度、记忆力等。智商测试主要为一些跨国公司采用，他们对毕业生所学专业一般没有特殊要求，在他们看来，专业能力可以通过公司的培训获得，他们更看重的是毕业生是否具有接受新知识的能力。

4. 命题写作

命题写作，可考察求职者的文字表达能力、分析解决问题能力以及逻辑思维能力。命题作文需要求职者在规定时间内写出一份会议通知、请示、报告或某项工作总结，或就某个案例进行分析，也可能针对一个论点予以论证或批驳等。这是对应聘者思考问题缜密性、深刻性程度的考查。

5. 综合能力测试

综合能力测试兼有智商测试的要求，但程度更高。例如：应试者要在规定的时间内对一组数据、资料进行分析，找出合理的地方和存在的问题，并设计出解决问题的方案。这是对应试者的阅读理解能力、发现问题能力、分析和解决问题能力、知识面等的全方位考核，甚至有时候问答都是用英语进行，相对来说难度更大。例如：电子、通信、机械类企业，在招收技术人员时，会着重考查逻辑推理能力、数字计算能力及行业相关综合知识。

公务员考试中的行政能力测试是极具代表性的综合能力测试，集中用在国家级、省市级、地方公务员以及社会事业单位的招考中。行政能力测试是用来测试应试者是否具有拟任职位相关的知识、技能和能力，是考查从事公务员工作所必须具备的一般潜能的一种职业能力测试。考试题型有语言理解与表达、数量关系、判断推理、常识判断、资料分析等。近年来，综合能力测试越来越受到各大中型企业的青睐，逐渐成为企业招聘笔试环节中重要的考核内容。

二、笔试的准备技巧

笔试前要了解常见的笔试类型，尤其是拟应聘公司以前的笔试类型，接下来的问题就是如何来准备这些笔试。需要明确的是，笔试本身就是一种能力的测试，加上它的高淘汰率，因此想要通过短期内的突击提高笔试应试能力的想法是很不现实的。无论是英文的书面表达能力、逻辑思维能力和分析问题能力，还是对于知识的掌握和运用，都需要长期实践和积累，并不能一蹴而就。

1. 技术型笔试的准备技巧

对于这类技术型笔试，首先考前应结合具体职位查看相关资料，了解笔试内容，做到胸中有数。其次要了解笔试重点进行认真复习。每个学科都有一两门概述性的课程，笔试之前多看看这方面的教材。如果以前确实学过，那应该有书、笔记或者自己的复习提纲可供参考。可以复习一下最主要的、重点的内容，不用看得太细。例如，计算机专业的王同学在联通笔试之后说："当时面试过后，有一个关于移动通信的技术笔试，考了很多移动通信的基础知识，比如信道利用、编码、跨区、切换什么的。幸好我在之前看了移动通信课程的讲义。"

2. 其他笔试的准备技巧

一般来说，对于像数理分析能力、逻辑推理能力和语言表达能力方面的考察，准备的方法并不多，有针对性地准备的效果也不能决定最后的结果。良好的笔试成绩来自平时的努力学习，只有平时学习扎实，才能在笔试时得心应手。虽然不同职位的专业背景不同，但是基本的分析能力和逻辑思维能力是每一个学科都需要的，在平时的学业中要有意识地去练习和拓展自己这方面的能力。虽然笔试的题目千变万化，但是考察的本质是相同的。

任务二

面试准备

面试是一种经过精心设计，以交谈与观察为主要手段，以了解被试者综合素质等有关信息为目的的一种测评方式。面试是当今社会求职过程中的一个必经环节，也是用人单位招聘时最重要的一种考核方式，由于面试与笔试相比具有更大的灵活性和综合性，它不仅考核一个人的专业水平，而且可以面对面观察求职者的口才和应变能力等，所以许多用人单位对这种方式更感兴趣。面试是成功就业的关键环节，顺利通过了面试也就等于应聘成功了一半。

一、面试的种类

1. 结构化面试与非结构化面试

根据面试的结构化（标准化）程度，面试可以分为结构化面试和非结构化面试。所谓结构化面试，是指面试题目、面试实施程序、面试评价、考官构成等方面都采用统一明确的规范进行，公务员录用面试即为结构化面试。所谓非结构化面试是对与面试有关的因素不作任何限定的面试，也就是通常没有任何规范的随意性面试。目前，非结构化面试愈来愈少。

2. 单独面试与集体面试

根据面试对象的多少，面试可分为单独面试和集体面试。所谓单独面试，指主考官与应试者单独面谈。单独面试又有两种类型：一是只有一个主考官负责整个面试过程；二是由多位主考官参加整个面试过程，但每次均只与一位应试者交谈。公务员面试大多属于这种形式。所谓集体面试又叫小组面试，指多位应试者同时面对面试考官的情况。在集体面试中，通常要求应试者作小组讨论，相互协作解决某一问题，或者让应试者轮流担任领导主持会议、发表演说等。

3. 压力性面试与非压力性面试

根据面试目的的不同，可以将面试分为压力性面试和非压力性面试。压力性面试是将应试者置于人为的紧张气氛中，让应试者接受诸如挑衅性的、非议性的、刁难性的刺激下，以考查其应变能力、压力承受能力、情绪稳定性等。非压力性面试是在没有压力的情景下考查应试者相关方面的素质。

4. 一次性面试与分阶段面试

根据面试的进程，可以将面试分为一次性面试和分阶段面试。所谓一次性面试，是指用人单位对应试者的面试集中于一次进行。应试者是否能面试过关，甚至是否被最终录用，取决于这一次面试的表现。所谓分阶段面试又可分为两种类型：一种叫依序面试，一种叫逐步面试。依序面试一般分为初试、复试与综合评定三步。初试的目的在于从众多应试者中筛选出较好的人选。初试合格者则进入复试，复试一般由用人部门主管主持，以考查应试者的专业知识和业务技能为主，衡量应试者对拟任工作岗位是否合适。复试结束后再由人事部门会同用人部门综合评定每位应试者的成绩，确定最终合格人选。逐步面试，一般是由用人单位的主管领导、处（科）长以及一般工作人员组成面试小组，按照小组成员的层级由低到高的顺序，依次对应试者进行面试。

5. 常规面试、情景面试与综合性面试

根据面试内容设计的重点不同，可将面试分为常规面试、情景面试和综合性面试。所谓常规面试，就是主考官和应试者面对面以问答形式为主的面试。情景面试，突破了常规的面试考官和应试者那种一问一答的模式，引入了无领导小组讨论、公文处理、角色扮演、演讲、答辩、案例分析等人员甄选中的情景模拟方法。综合性面试兼有前两种面试的特点，而且是结构化的，内容主要集中在与工作职位相关的知识技能和其他素质上。

二、面试的内容与准备技巧

在用人单位的面试过程中，最大的困难就是如何回答面试人员的问题。如果求职者能够好好准备，加上临场镇定的表现和充分发挥，面试并不难。常见的大学生面试题可分为个人基本信息、求学经历、求职需要和动机、职业素质及未来计划和目标。

1. 个人基本信息

一般情况下，有关个人背景的材料已填写在履历表内，面试时再提问只是为了验证一下，或者以这些不需应试者思考的问题开始，有利于应试者逐渐适应以展开思路，进入角色，尤其是对那些一进入考场就显得紧张、拘谨的应试者，更该先提一些帮助他们树立信心、诱导其正常发挥出自己水平的问题。对这些问题，应试者不需深入思考，但重要的是一开始就要注意调整好自己的应试状态，充满自信，口齿清楚，回答全面、完整，但又要注意尽量简洁。一开始的应试状态会直接影响到整个面试过程中的表现。

提问①：请自我介绍一下。这道题 90%以上的用人单位都会问，应试者事先最好以文字的形式写好、背熟。准备一分钟、三分钟及五分钟的介绍稿，面试时随时调整。其实应试者的基本情况用人单位已掌握，考这道题的目的是考核应试者的语言表达能力、逻辑能力以及诚信度。所以，应试者自我介绍的内容要与个人简历要一致，表述方式上尽量口语化，注意内容简洁，切中要害，不谈无关、无用的内容，条理要清晰，层次要分明。结束自我介绍时，最好能问一下面试人员还希望知道哪些情况。

一分钟介绍，以基本情况为主，包括姓名、学历、专业、求职目标、能力和个性特点等，要注意表述清晰。三分钟介绍，除了基本情况之外，还可谈谈求职动机、主要优缺点等。五分钟介绍，还可以谈谈自己的人生观，说些生活趣事，举例说明自己的优点等。

提问②：谈谈你的业余爱好。用人单位主要想通过此题了解应试者的性格是否开朗、是否具有团队精神，所以应试者千万不要说自己没有业余爱好，也不要说自己有哪些庸俗的、令人感觉不好的爱好。谈爱好时，最好不要说自己仅限于读书、听音乐、上网等一个人做的事，这样做可能会令面试官怀疑应试者性格孤僻，最好能有一些如打篮球、打羽毛球等的爱好。用在户外和大家一起做的业余爱好来"点缀"自己的形象，突出应试者的乐群性和协作能力。

2. 应试者的求学经历

受教育的大致状况在履历表中已列出，提问这方面的情况是为了获悉更详细的情况。常用的提问问题如下：

① 你的学习成绩如何？在班上所处的位置如何？你的学习习惯怎样？

② 你担任过什么职位？受到哪些奖励？获得过什么荣誉？取得过什么成就？

③ 你参加过什么校内团体？是作为一般成员，领导还是其他？你为什么参加这些团体？有什么收获？

④ 你在学校期间有没有工作经历？如果有，工作种类是什么？你对这项工作有什么感受？

⑤ 你为什么选择这个专业？

总体来说，令用人单位感兴趣的内容可适当多谈一些，如从事过什么社会工作？有什么感受?对这些问题,如果是肯定的回答,在谈感受时,应着重谈有什么收获;如果没有参加过社会工作,应谈谈课余时间或假期是如何度过的,从事了什么有意义的活动。再比如:你选修过什么课程?如果选修过一些和公务员工作有关的课程,如公文写作,应着重谈一下这些课程主要讲了些什么。你有什么收获?曾获得什么荣誉和奖励?不要仅仅简单地回答获得过什么荣誉和奖励,还要简要叙述一下为什么被授予这些荣誉和奖励。

3. 求职需要和动机

让用人单位确信你对公司的这个岗位很心仪,这就涉及求职需要和动机的问题。

需要和动机密切相关。需要是一种做某事的内部驱动力或要求,它可以被视为一种生理的或心理的需求。动机是一种使个体去做某事的内部驱动源,通常是建立在某种需要或要求之上的,最终导致达成一个适当的目标。

动机分为内部动机和外部动机,外部动机是指人为了某些外在结果而从事某项活动的动机,从求职角度来看,则是为了好的福利待遇等而选择这个公司、这个岗位。内在动机,是指由个体的内在需要而引起的动机。从求职角度来看,个体对某个公司的企业文化非常欣赏认同,对所从事的工作内容本身深感兴趣,这就是内部动机或成就动机。当然,求职者最终选择在某家公司工作,一定是内部动机与外部动机的结合。由于内部动机是基于内部需要,而外部动机是借助外部条件,因此我们通常认为内部动机比外部动机更稳定。在表达求职动机时,建议应侧重于展现个人偏好、认同欣赏企业文化、有学习成长机会等正面的内部动机,而非福利待遇这类外部动机。

4. 职业素质

面试官还需知道应聘者是否具备胜任这个工作所需要的一些专业能力,因此他会从专业知识、工作经验、个性品质(例如团队合作精神、领导能力等)方面对应试者进行考察。在回答这类问题时,首先要了解公司对这个职位的要求,这有助于自己有的放矢地回答。回答时可参照以下逻辑顺序:告诉对方你认为这个职位需要什么样的人——通过描述自己相应的能力,证明自己就是这样的人——给出结论(可以是一句充满信心的"我相信自己是你们要找的人"进一步打动对方)。

(1)学习能力

常用的提问问题:

① 你认为自己的学习能力如何?

② 在何种情况下你学得快些或慢些?

成绩优秀的学生可以通过成绩单、奖学金来证明。另外,如果对某些核心课程有独到见解也可以适当表述观点,效果也会很好,或者告知对方自己发表了哪些相关论文、参与了哪些科研项目等。

(2)分析能力

常用的提问问题:

① 举一个例子来证明你的分析能力。

② 你认为成功和失败有什么区别?

以上问题除了测定应聘者的分析能力外,还可以测定其思维能力和口头表达能力。

(3)判断力

常用的提问问题：

① 你认为自己做出决定的方式怎样？你是果断、迅速，但有时急躁呢？还是你处世周到但有时显得迟缓？你是很敏感呢？还是一味忍受现实？

② 你最近所做的两个最困难和最富挑战性的决定是什么？

③ 最近你所作的两个最漂亮和最糟糕的决定是什么？

④ 假如 A 单位和 B 单位同时录用你、你将选择哪一个？（A、B 是另外其他两个单位）。

除了回答两个最困难和最富挑战性的决定的内容之外，还要回答当时为什么做那样的决定，现在看来当时的决定是正确还是错误，从中汲取了什么经验教训，如果现在再面临这样的情况，将如何决定？为什么？

阐明原因时，尽量避免这样一些理由：工资待遇好、物质条件好等，而应尽量以这样一些角度陈述理由：更能发挥我的特长，我对×单位的工作更感兴趣，×单位更重视人才等。

（4）口头表达能力

常用的提问问题：

① 你如何评价自己当众讲话的能力？

② 你怎样描述自己在集会中的角色——是你组织别人呢？还是你仅是其中一员？

③ 描述你最后一次言语失当的情形。

口头表达能力可以单独出题测定，也可以通过应试者对所有问题的回答情况给出一个分数而不再单独出题测定。在回答问题时，要能抓住事物的本质，全面分析，说理透彻，顺畅地表达出自己的思想、观点和看法。应试者要注意声音响亮、口齿清楚、条理清晰、前后连贯、主题鲜明、语言简洁明了、逻辑清楚、具有说服力，引例、遣词造句准确，语气平和，发音标准，同时要注意姿态、表情，可辅以适当的肢体动作。

5. 未来计划和目标

提问①：你的五年工作规划是什么？面试官真正想知道这些事情：你是否认真考虑过你的职业规划？你是雄心壮志还是缺乏积极性？你的目标与公司愿景相符吗？你是想稳定下来长期做下去还是一有了更大的机会就马上跳槽？

回答时不要立个太严苛的目标，比如说，"我想在一年里就升职，而且在六个月之后能够带领一支团队。"如果这个职位的发展机会很小的话，这样的回答会使你直接被淘汰。另外如果你申请的是初级职位，这个回答未免太过自以为是，面试官们可能会选择其他目标比较现实的候选人。对这个问题做出一个好的回答会体现你对职业生涯的思考，表达你想继续学习并在这个公司里成长的愿望。

一个好的回答可以是"我想继续在市场领域发展，并希望自己可以谋求一个更资深的职位。从我们的谈话中，我认为这个职位给了我学习新技能的机会，而这可以帮助我提高自己。我想继续担负更多的职责，我也有信心能对团队做出积极的贡献，令公司取得更大的成功。"或者是"尽管我的首要目标是在我申请的岗位上全力以赴，但是我仍然很想在五年内，上升到主管或者管理级别的职位。我很愿意支持团队成员，并想为别人树立一个好的榜样。"

提问②：未来五年或十年理想的工作状态是什么？面试官询问这个问题主要是测试应试者的价值观与公司价值观、文化氛围是否契合。有的人追求工作与生活的平衡，希望有双休，或者工作时间、工作地点有弹性以更好地平衡工作和生活；有的人在职业生涯早期就倾向于把工作放在第一位，不在乎出差、工作时间长、强度大，更看重锻炼机会和发展空间。需要说明的是，不同的倾向本身没有对错之分，关键是自己与企业文化是否匹配。

感悟与训练

请一位企业负责招聘的人员，或者由任课教师现场扮演面试官，提前发布招聘信息。有意向的学生投递简历，面试官提前做好简历筛选，并公布入围面试学生名单。入围学生与面试官进行现场模拟招聘面试。面试结束，公布录用名单。

1. 参与面试学生分享感受和心得。
2. 其他学生对模拟招聘进行点评。
3. 面试官对简历筛选过程及招聘面试工作进行说明。

项目九

就业权益与保护

名言警句

法律就是秩序,有良好的法律才有好的秩序。

——亚里士多德

引导案例

就业多风险,求职需谨慎

小许,某高校毕业生,第一次找工作的时候,招聘单位要求其先交纳1000元的培训费,由于家庭较为贫困,所以她选择放弃。在第二家公司面试的时候,面试的岗位是行政助理,尽管她成绩优秀,面试表现突出,但最终却没有被录用。经过几番打听,没想到单位给出的答复是不招女生,而且她身高152cm不到标准,但是招聘信息里面并没有写明性别和身高要求。所以她对这次的面试结果感到黯然神伤。在她心灰意冷的时候,突然朋友打电话说有一份好工作要介绍给她,要她来自己目前就职的公司工作,新工作在省会城市上班,月薪6000元,而且包吃住。虽然小许起初有点儿犹豫,但是后面禁不住朋友的劝说,考虑到自己目前仍未找到工作,家里又比较困难,所以就答应说过去试试,但是没想到当她一到达,朋友领了一个大汉将她的身份证、手机等重要物品都没收了,而且每天强迫她去上关于发家致富的课程。这时,小许才恍然觉悟,自己原来已被骗入了传销组织。

小许第一次求职就遭遇到招聘陷阱,被要求缴纳培训费,她之所以没有上当,主要原因不在于其识破了招聘单位的伎俩,而是考虑到这笔费用太过高昂,家境的贫困是其放弃的主要原因。第二次求职面试的时候,她又遭遇身高和性别的就业歧视,自身的平等就业权益受到损害,最后更是不幸陷入传销组织。究其原因发现,由于前面连续遭遇两次求职的挫折,而这时眼看身边的朋友们都找到工作,她的就业自信心备受打击,心里难免着急又难过。所以,当熟悉的朋友向其介绍工作时,尤其这份工作听起来还不错,基于对朋友的信任和对工作的迫切需求,她对许多事情没有深入思考就贸然只身前往,以致身陷传销组织。所以,高校毕业生需要学会辨别、识别就业风险,学会维护自身的合法权益。

📎 **教学目标**

了解就业中的基本权益和义务，掌握就业协议书、劳动合同的内容和签订中应注意的事项，以及劳动争议解决方式。

了解就业中的权益与义务

在求职过程中，刚刚走出校门的大学毕业生，往往将注意力主要集中在招聘信息收集、简历制作、准备面试与笔试等方面，而忽视了与自身就业有关的法律法规的学习，再加上社会经验不足、自我保护意识较差、就业竞争激烈、就业市场不够规范等多种原因，遇到一些困难和问题，感到力不从心，致使一部分毕业生在求职就业的道路上遭遇了各种各样的"陷阱"。因此，毕业生在就业过程中，一定要熟知就业权益，时刻保持清醒头脑，学会运用法律武器，维护自己的合法权益。

一、就业的基本权益

1. 平等就业的权利

平等就业是择业者的首要权利。《中华人民共和国劳动法》（以下简称劳动法）规定，择业者不分民族、性别等的不同，享有平等就业的权利。

2. 自主择业的权利

自主择业是择业者的基本权利。自主择业权是指劳动者可以自主选择职业的权利，包括是否从事职业劳动、从事何种职业劳动、进哪一个用人单位工作等方面的选择权。劳动者享有自主择业权是劳动者人格独立和意志自由的法律体现。劳动者自主择业，有利于充分发挥劳动者的聪明才智和劳动热情，有利于提高劳动效率，有利于建立新型、稳定的劳动关系。

3. 公平竞争的权利

用人单位在录用毕业生的过程中，也应公正、公平，一视同仁。就目前而言，完全开放公平的就业市场尚未真正形成，用人单位录用毕业生还存在不同程度的不公平、不公正的现象。公平录用权是毕业生最为迫切需要得到维护的权益。

4. 全面真实了解用人单位情况的权利

所谓用人单位，是指具有用人自主权的国家机关、社会团体、企业（含国有、集体、私营、乡镇、"三资"等经济组织）和事业单位等录用毕业生的单位。一般来说，参加毕业生就业市场的单位，不分所有制性质，因此，毕业生通过就业市场选择单位，应该了解清楚用人单位的基本情况，慎重选择，避免盲目性。

5. 协商签订劳动合同的权利

随着毕业生就业市场不断完善，用人单位和毕业生法律意识明显增强。为了避免毕业生就业过程中当事人各方的矛盾，以及运用法律手段解决就业过程中的争议和纠纷，在就业协议的基础上，毕业生和用人单位可根据劳动法的规定，订立劳动合同。劳动合同是毕业生就业协议的延伸和法律化。毕业生就业协议，从一定程度上讲，是政府编制毕业生就业计划的依据，而劳动合同则具有法律效力，当事人双方一旦发生争议或一方权益受到损害，双方有权通过法律解决争议或获得法律保护。

6. 接受就业指导的权利

接受就业指导是每个毕业生都具有的权利。《中华人民共和国高等教育法》规定，高等学校应当为毕业生提供就业指导和服务。教育部办公厅也曾明确指出，职业发展与就业指导课程建设是高校人才培养工作和毕业生就业工作的重要组成部分，要认真落实国办发〔2007〕26号文件关于"将就业指导课程纳入教学计划"的要求，高度重视，加强领导。各地主管部门要做出明确安排和部署，高校要切实把就业指导课程建设纳入人才培养工作，列入就业"一把手"工程，做好相关工作。所以，接受学校必要的就业指导以帮助自己顺利就业，是每个毕业生享有的权利。

7. 被推荐权

高等学校在就业工作中的一个重要职责就是向用人单位推荐毕业生。历年工作经验证明，学校的推荐往往在很大程度上影响到用人单位对毕业生的取舍。毕业生享有被推荐权包含这样几方面内容：如实推荐，即高校在对毕业生进行推荐时，应实事求是，根据毕业生本人的实际情况向用人单位进行介绍、推荐；公正推荐，学校对毕业生进行推荐应做到公平、公正，应给每一位毕业生以就业推荐的机会；择优推荐，学校根据毕业生的在校表现，在公正、公开的基础上，还应择优推荐。

二、就业的基本义务

1. 服从国家需要的义务

虽然毕业生在就业时有了相当大的自主择业的权利，但是并不能排除服从国家需要的义务。当国家重点建设项目或某些行业急需人才的时候，应积极为国家的重点建设工程或项目服务。

2. 向用人单位实事求是介绍个人情况的义务

毕业生在向用人单位进行自我推荐、自我介绍和接受考察时，有义务全面地实事求是地反映个人情况，以利于用人单位的遴选，不得夸大其词、弄虚作假。

3. 接受用人单位组织的测试或考核的义务

用人单位为了招聘到符合要求的毕业生，一般都要通过一些测试或考核手段来了解毕业生的情况，通过比较，做出是否录用的决定。因此，毕业生应予积极配合，充分展现自己的能力，接受用人单位的测试或考核。

4. 严格按照就业协议及其他合法约定履行相应的义务

《中华人民共和国民法典》第四百六十五条规定：依法成立的合同，受法律保护。依法成立的合同，仅对当事人具有法律约束力，但是法律另有规定的除外。毕业生应认真履行协议或合同，不得无故擅自变更或自行解除。如果单方违约，必须承担违约责任。

5. 按时到工作单位报到的义务

《普通高等学校毕业生就业工作暂行规定》要求，毕业生办理完派遣手续后，应持《全国普通高等学校毕业生就业派遣报到证》按时到工作单位报到。如果自派遣之日起，无正当理由超过三个月不去就业单位报到的，由学校报主管毕业生调配部门批准，不再负责其就业。在其向学校缴纳全部培养费和奖（助）学金后，由学校将其户籍关系和档案转至家庭所在地，按社会待业人员处理。

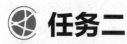

任务二
签订就业协议书

一、就业协议书的作用和内容

就业协议书的全称是全国普通高等学校毕业生就业协议书。根据国家规定，在达成就业意向后，毕业生、用人单位、学校三方必须签订全国普通高等学校毕业就业协议书，所以该协议书也被称为"三方协议"，经毕业生、用人单位、学校三方签署后生效。

1. 就业协议书的作用

就业协议书具有一定的权威性，是学校制订就业方案、派遣毕业生，以及用人单位接收毕业生人事档案的主要依据，对签约的三方都有约束力，所以毕业生就业时，一定要签署就业协议书。就业协议书一经签署，协议各方须严格履行协议内容，毕业生要保证自己能正常毕业，按时到单位报到；用人单位要按照合法的用人程序接收毕业生，接转毕业生的人事档案；学校要按照规定程序派遣毕业生。

就业协议书是高校毕业生与用人单位建立劳动关系的法律依据，就业协议书一经签订就具有法律约束力。因此，毕业生在签订就业协议书时，一定要遵循主体合法的原则和平等协商原则，认真思考，理智签署。

2. 就业协议书的主要内容

就业协议书的主要内容包括：

① 高校毕业生基本情况，应包括姓名、性别、身份证号、专业、学制、毕业时间、学历、联系方式等。

② 用人单位基本情况，应包括单位名称、组织机构代码、单位性质、联系人及联系方式、档案接收地等。

③ 高校毕业生和用人单位约定的有关内容，可包括工作地点及工作岗位、户口迁入地、违约责任、协议自动失效条款、协议终止条款、双方约定的其他事宜等。

④ 各方应严格履行协议，任何一方若违反协议，应承担相应的违约责任。

⑤ 其他补充协议。

二、就业协议书的签订

毕业生与用人单位签订就业协议书，是毕业生就业的一个重要环节。毕业生应该正确认识和严肃对待签订就业协议书的程序，及时且慎重地与用人单位签订就业协议书。签订就业协议书的一般程序如下：

① 毕业生获得用人单位的书面接收函。

② 毕业生到所在学校领取一式三份的《全国普通高等学校毕业生就业协议书》。

③ 毕业生与用人单位签署就业协议，并在就业协议书上签名盖章，用人单位应在协议书上注明可以接收毕业生档案的名称和地址，并由可接收毕业生档案的用人单位上级主管部门或人才中心盖章。

④ 毕业生到所在学校签署就业协议书。

⑤ 学校签署完就业协议书以后，学校、用人单位、毕业生本人各留一份就业协议书，毕业生本人把用人单位应持的一份就业协议书转交用人单位。

三、签订就业协议书时应注意的事项

1. 应全方位了解用人单位的相关情况

签订就业协议书的当事人必须具备合法的主体资格，即用人单位必须具有从事各项经营或管理活动的资格和能力。毕业生要详细了解用人单位的隶属、规模、效益、管理制度、招聘信誉、用人意图、岗位职责以及企业文化等情况，尽量做到实地考察工作环境，尤其是陌生的工作单位，以防自己的合法权益受到侵害。

求职是每位毕业生的大事，在求职中要学会理智地选择适合自己的单位。签订协议书之前要对用人单位的情况多加了解，考虑清楚以后再与其签订协议，不能草率签订，更不能轻率违约。

案例：某公司到学校招聘管理人员，小王同学因出色的表现被录用，在面试结束后当场与用人单位签订了就业协议书，并对协议书中提出的"服务期两年，任何一方违反合约则缴纳违约金2000元"表示无异议。签订协议后的第三天，小王愁眉苦脸想与用人单位解除协议又不想承担违约责任。问其原因小王说她在签约后的第二天乘车实地看了一下，觉得那里并不是自己理想的工作环境。

解读：小王和用人单位签订的就业协议书是合法主体之间通过平等协商、自愿签订的，是双方当事人真实意思的表示，是合法有效的协议，双方都应按照协议履行。小王没有遵循诚实信用的原则，没有全面履行协议，应承担相应的违约责任，如支付违约金等。

2. 毕业生要如实介绍自己的情况

毕业生在与用人单位签订协议时，应如实向用人单位讲明情况，并在就业协议书上填写清楚，否则很容易引起协议纠纷。

3. 要注意口头协议无效，有关条款的内容必须明确

毕业生与用人单位在签约时，尽量采用示范条款。如确有必要进行变更或增加，必须在内容上明确，如岗位、待遇、报到时间、服务期、试用期、违约情况等，可在补充协议中说明，并由用人单位和毕业生同时签字、盖章。

案例：某单位接收毕业生小刘，当时已通过面试、考核等程序，该单位表示同意录用该生，但提出因没有带公章，请学校先盖章签署意见，他们同意之后再补办有关手续。学校就业指导中心为慎重起见，反复提醒毕业生最好等单位先盖章，学校再盖章。但单

位和学生本人都很着急，用人单位认为其已同意接收，只要方便同学，简化手续，谁先盖章无所谓。学生表示："我面试都通过了，请给我一次机会，我愿写保证，保证因手续不全后果自负。"该生所在学院领导也打电话为之说情。鉴于此，学校先盖了章。谁知刚过两天，该单位将该生协议书退回。

解读：签订协议书一定要慎重，必须把双方的约定以文字形式写下来，盖章签字方可生效。口头协议是"空头支票"，没有任何法律效力，一旦发生纠纷，毕业生的利益无法得到保障。

4. 要注意与劳动合同的衔接

由于毕业生就业协议签订在先，为避免在日后订立劳动合同时产生纠纷，应尽可能将劳动合同的主要内容体现在就业协议的约定条款中，并明确表示在今后订立劳动合同时应予以确认。

案例：小何是某学院理工科应届毕业生，4月份进入一家IT公司实习，因表现优秀，5月份公司出资派他到省外进行了1个月的新技术培训，然后与他签订了就业协议书，并在就业协议书的备注栏内约定：经公司出资培训后，要为公司服务3年（服务期）。如违约，须承担2万元的违约金。7月份，小何正式到公司上班，双方开始签订劳动合同。在正规的劳动合同里，他发现约定的合同期只有1年，和就业协议书中的3年服务期不同，小何产生了疑惑："一年合同期满后，我可以离开公司吗？还是必须要服务期满才能离开？"

解读：工作初期，很多毕业生都会遇到就业协议书与劳动合同内容不一致的问题，也容易因此与单位产生纠纷。就业协议书主要是作为转递毕业生人事关系的依据，同时对毕业生和用人单位具有一定的约束力，在毕业生正式到单位报到并签订劳动合同后，就业协议书的效力就终止了。因此，一旦签订劳动合同，就业协议书中约定的内容就失效。但是，当在就业协议书上约定的内容具有法律效力时，如约定了关于服务期、保守商业秘密等内容，即使后来签订了劳动合同，协议中约定的效力仍然存在，毕业生必须遵循约定，否则需承担相关违约责任。因此，公司与小何在就业协议书上约定的服务期是具有法律效力的，只不过将该服务期约定放在了就业协议书这一载体上，以后的工作中小何仍需继续履行，完成3年的服务期。

5. 要对协议的解除条件做事先约定

就业协议生效后一般不允许解约，但因特殊情况，其中一方提出解约，须经过另两方同意后方能办理解约手续，如解约行为给对方造成损失，应承担相应责任。办理违约的程序：

① 原签约单位出具同意解约的公函（简称"退函"），它体现对用人单位或毕业生的知情权的尊重。退函要注明解约的原因，以确认违约方的责任。

② 毕业生持单位退函（若毕业生解约，同时持有本人的解约申请书，注明申请事由及是否愿意承担违约责任等），到学校就业主管部门审核批准后，换发新的就业协议书。

6. 要敢于维护自己的权益

毕业生在签订就业协议的过程中，如果自身合法权益受到侵害，不要因为害怕失去就业机会而忍气吞声，要学会运用法律武器来维护自己的合法权益。

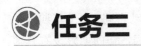

订立劳动合同

劳动合同是劳动者与用人单位之间确立劳动关系,明确双方权利和义务的协议。根据这个协议,劳动者加入企业、个体经济组织、事业组织、国家机关、社会团体等用人单位,成为该单位的一员,承担一定的工种、岗位或职务工作,并遵守所在单位的内部劳动规则和其他规章制度;用人单位应及时安排被录用的劳动者工作,按照劳动者提供劳动的数量和质量支付劳动报酬,并且根据法律法规和劳动合同的约定提供必要的劳动条件,保证劳动者享有劳动保护及社会保险、福利等权利和待遇。

一、劳动合同的主要作用

1. 劳动合同是建立劳动关系的基本形式

以劳动合同作为建立劳动关系的基本形式,是世界各国的普遍做法。这是由于劳动过程是非常复杂的,也是千变万化的,不同行业、不同单位的劳动者,在劳动过程中的权利义务各不相同,国家法律法规只能对共性问题做出规定,不可能对当事人的具体权利义务做出规定,这就要求签订劳动合同,明确权利义务。

2. 劳动合同是促进劳动力资源合理配置的重要手段

用人单位可以根据生产经营或工作需要,确定录用劳动者的条件、方式和数量,并且通过签订不同类型、不同期限的劳动合同,发挥劳动者的特长,合理使用劳动力。

3. 劳动合同有利于避免或减少劳动争议

劳动合同明确规定劳动者和用人单位的权利义务,这既是对合同主体双方的保障,又是一种约束,有助于提高双方履行合同的自觉性,促使双方正确行使权利,严格履行义务。因此,劳动合同的订立和履行,有利于避免或减少劳动争议的发生,有利于稳定劳动关系。

二、劳动合同的种类

根据《中华人民共和国劳动合同法》(以下简称劳动合同法)第十二条规定,劳动合同分为固定期限劳动合同、无固定期限劳动合同和以完成一定工作任务为期限的劳动合同。

固定期限劳动合同,是指用人单位与劳动者约定合同终止时间的劳动合同。无固定期限劳动合同,是指用人单位与劳动者约定无确定终止时间的劳动合同。以完成一定工作任务为期限的劳动合同,是指用人单位与劳动者约定以某项工作的完成为合同期限的劳动合同。

三、劳动合同的主要内容

劳动合同的主要内容大致可分为两个方面:一方面是必备条款的内容,另一方面是协商约定的内容。

1. 必备条款

劳动法第十九条规定了劳动合同的法定形式是书面形式,其必备条款有 7 项。

（1）劳动合同期限　法律规定合同期限分为3类：①固定期限劳动合同，如1年期限、3年期限、5年期限的劳动合同，均属这一类。②无固定期限劳动合同，合同期限没有具体时间约定，只约定终止合同的条件，无特殊情况，这种期限的合同应存续到劳动者到达退休年龄。③以完成一定工作任务为期限的劳动合同，例如：劳务公司外派一名员工去另外一公司工作，两个公司签订了劳务合同，劳务公司与外派员工签订的劳动合同期限是以劳务合同的解除或终止而终止。这种合同期限就属于以完成一定工作为期限的类型。用人单位与劳动者在协商选择合同期限时，应根据双方的实际情况和需要来约定。

（2）工作内容　在这一必备条款中，双方可以约定工作数量、工作质量、劳动者的工作岗位等内容。在约定工作岗位时，可以约定较宽泛的岗位概念，也可以另外签一个短期的岗位协议，作为劳动合同的附件，还可以约定在何种条件下可以变更岗位条款等。掌握这种订立劳动合同的技巧，可以避免工作岗位约定过死、因变更岗位条款协商不一致而引发的争议。

（3）劳动保护和劳动条件　此必备条款可以约定工作时间和休息休假的规定，各项劳动安全与卫生的措施，对女工和未成年工的劳动保护措施与制度，以及用人单位为不同岗位劳动者提供的劳动、工作的必要条件等。

（4）劳动报酬　此必备条款可以约定劳动者的标准工资、加班加点工资、奖金、保险、津贴、补贴的数额及支付时间、支付方式等。

（5）劳动纪律　此条款应当将用人单位制定的规章制度约定进来，可采取将内部规章制度印制成册，作为合同附件的形式加以简要约定。

（6）劳动合同终止的条件　这一必备条款一般是在无固定期限的劳动合同中约定，因这类合同没有终止的时限。其他期限种类的合同也可以约定。须注意的是，双方当事人不得将法律规定的可以解除合同的条件约定为终止合同的条件，以避免出现用人单位应当在解除合同时支付经济补偿金改成终止合同不予支付经济补偿金的情况。

（7）违反劳动合同的责任　一般约定两种违约责任形式：第一种是一方违约，赔偿给对方造成的经济损失，即赔偿损失的方式；二是约定违约金的计算方法。采用违约金方式应当注意根据职工一方承受能力来约定具体金额，避免出现显失公平的情形。违约，不是指一般性的违约，而是指严重违约，致使劳动合同无法继续履行，如职工违约离职、单位违法解除劳动合同等。

2. 约定条款

按照法律规定，用人单位与劳动者订立的劳动合同，除必须具备的条款内容外，还可以协商约定其他的内容，一般简称为协商条款或约定条款，这类约定条款的内容，是用人单位与劳动者根据双方的实际情况，协商约定的一些随机性的条款。劳动行政部门印制的劳动合同样本，一般都将必备条款写得很具体，同时留出一定的空白地由双方随机约定一些内容。随着人们的法律意识、合同观念越来越强，劳动合同中约定条款的内容也会越来越多。

四、劳动合同订立的原则

劳动合同订立的基本原则，是指在劳动合同订立过程中双方当事人应当遵循的法律准则。劳动合同法第三条规定订立劳动合同应遵循以下原则,违反基本原则订立的合同,将被认定为无效劳动合同。

1. 合法原则

合法原则,是指订立劳动合同的行为不得与法律、法规相抵触,合法是劳动合同有效并受国家法律保护的前提条件,应当做到主体合法、内容合法、程序与形式合法、行为合法。只有合法的劳动合同才能产生相应的法律效力,任何方面不合法的劳动合同,都是无效劳动合同,不受法律承认和保护。

2. 公平原则

公平原则是要求在劳动合同订立过程及劳动合同内容的确定上应体现公平。公平原则强调了劳动合同双方在订立劳动合同时应明确各自的权利和义务,不能要求一方承担不公平的义务。

3. 平等自愿原则

平等是指订立劳动合同的双方当事人具有相同的法律地位。在订立劳动合同的过程中,双方当事人以劳动关系平等的主体资格出现,不存在命令与服从的关系。自愿是指劳动合同的订立完全出自双方当事人的真实意愿,是在充分表达各自意愿的基础上,经过平等协商而达成的协议。

4. 协商一致原则

在订立合同的过程中,劳动者与用人单位双方对劳动合同的内容、期限等条款进行充分协商,达到双方对劳动权利、义务的意思表示一致。只有协商一致,合同才能成立。

5. 诚实信用原则

用人单位和劳动者在订立劳动合同时要诚实,讲信用,不得欺诈对方。根据劳动合同法的规定,用人单位招用劳动者时,应当如实告知劳动者工作内容、工作条件、工作地点、职业危害、安全生产状况、劳动报酬,以及劳动者要求了解的其他情况;用人单位有权了解劳动者与劳动合同直接相关的基本情况,劳动者应当如实说明。

五、劳动合同的解除

劳动合同解除包括双方解除和单方解除。

双方解除是劳动者与用人单位双方协商一致解除劳动合同。劳动法第二十四条规定,经劳动合同当事人协商一致,劳动合同可以解除。

单方解除是指当事人一方通过行使法定解除权或者约定解除劳动合同。

劳动者单方解除劳动合同,可参见《中华人民共和国劳动合同法实施条例》(以下简称劳动合同法实施条例)第十八条之规定。

用人单位单方解除劳动合同,可参见劳动合同法实施条例第十九条之规定。

六、劳动合同的终止

劳动法第二十三条规定,劳动合同期满或者当事人约定的劳动合同终止条件出现,劳动合同即行终止。劳动合同法实施条例第二十一条规定,劳动者达到法定退休年龄的,劳动合同终止。出现劳动合同法第四十四条规定的情形,劳动合同终止。

劳动合同法第四十二条规定，劳动者有下列情形之一的，用人单位不得依照本法的第四十条、第四十一条的规定解除劳动合同：

（一）从事接触职业病危害作业的劳动者未进行离岗前职业健康检查，或者疑似职业病病人在诊断或者医学观察期间的；

（二）在本单位患职业病或者因工负伤并被确认丧失或者部分丧失劳动能力的；

（三）患病或者非因工负伤，在规定的医疗期内的；

（四）女职工在孕期、产期、哺乳期的；

（五）在本单位连续工作满十五年，且距法定退休年龄不足五年的；

（六）法律、行政法规规定的其他情形。

七、无效劳动合同

无效劳动合同是指不符合法定生效条件的劳动合同。无效的劳动合同，从订立的时候起，就没有法律约束力。确认劳动合同部分无效的，如果不影响其余部分的效力，其余部分仍然有效。劳动合同的无效，由劳动争议仲裁委员会或者人民法院确认。引起无效的原因大体有以下几种：

① 合同主体不合格。如受雇一方提供了假的学历、学位、专业技术资格证书或聘用单位不具备招聘资格等。

② 合同内容不合法。即劳动合同有悖法律、法规及善良风俗，或是损害了国家及社会的公共利益。

③ 意思表示不真实。劳动合同应该是当事人真实的意思表示，采取欺诈、威胁等手段订立的劳动合同是无效的。

④ 合同形式不合法。指劳动合同没有采取书面形式、当事人也未实际履行主要义务，或者依法或应当事人要求应当鉴证的劳动合同没有鉴证等。一般情况下，只要当事人采取补救措施，使合同形式上合法化后，就可以认定合同有效。

八、就业协议书与劳动合同的异同

就业协议书和劳动合同都是用人单位与毕业生所订立的协议，都是具有法律意义的法律文件。两者既有联系又有区别，分别签订于毕业生就业过程的不同阶段。

1. 相同之处

（1）性质一致　用人单位对大学毕业生这类劳动者，与面向社会公开招聘的劳动者，在培养、使用、待遇等方面可能有所不同，但从确立劳动关系这一点来说，就业协议书与劳动合同是一致的。

（2）主体的意思表达一致　签订就业协议的双方在表达主观愿望，意思表示真实、无强制胁迫方面与劳动者和用人单位之间签订劳动合同时，双方的主观意思表达所处的状态完全一致。

2. 不同之处

（1）适用的法律法规不同　劳动合同适用劳动法及人社部门颁布的有关劳动人事方面

的规章。而就业协议书因目前没有适用的相关法律，也无国务院颁布的有关毕业生就业方面的法规，因此只适用教育部颁布的《普通高等学校毕业生就业工作暂行规定》等有关政策。

（2）适用主体不同　劳动合同是劳动者与用人单位之间确立劳动关系的协议，只要双方当事人协商一致，符合国家的法律、行政法规，无欺诈、胁迫等行为，经双方签字盖章，合同即生效。目前的就业协议书除毕业生与用人单位双方签字、盖章外，尚需学校和办理毕业生就业手续的部门审核盖章。

（3）内涵不同　就业协议书是毕业生在校时或毕业后，由学校参与见证、与用人单位协商签订的，是编制毕业生就业计划方案和毕业生派遣的依据。劳动合同是毕业生到单位报到后，与用人单位确立劳动关系、明确双方权利和义务的书面合同。

（4）时间不同　一般来说，就业协议书签订在前，劳动合同订立在后。

（5）条款不同　就业协议书主要涉及服务期、工作岗位和工作内容、劳动保护和工作条件、工资报酬和福利待遇、就业协议终止的条件、违反就业协议的责任等内容和条款。

劳动合同的主要条款涉及：①用人单位的名称、地址和法定代表人或者主要负责人；②劳动者的姓名、住址和居民身份证或者其他有效身份证件号码；③劳动合同期限；④工作内容和工作地点；⑤工作时间和休息休假；⑥劳动报酬；⑦社会保险；⑧劳动保护、劳动条件和职业危害防护；⑨法律、法规规定应当纳入劳动合同的其他事项。

感悟与训练

小王是某高校的应届毕业生，他所在的学校在每年的 10 月都会开展企业进校园的招聘活动。小王一直想当一名公务员，由于国家公务员的录取结果要在第二年的 5 月才公布，为了"上个双保险"，他在学校双选会上与一家公司签订了就业协议书。第二年 5 月，国家公务员录取结果公布，小王如愿以偿考上了公务员，于是他决定与原先签订过就业协议书的公司解除协议，该公司要求小王按照就业协议书约定缴纳 3000 元的违约金，对此，小王感到不解与困惑。

1. 小王是否应当按照就业协议书中的约定承担违约责任？
2. 在就业过程中，若遇到上述情形该如何处理？

参考文献

[1] 钟古兰,杨开. 大学生职业生涯发展与规划. 上海：华东师范大学出版社,2008.
[2] 储克森,姚晓峰. 职业生涯规划与就业指导. 北京：机械工业出版社,2019.
[3] 谭禾丰,桑江. 职业生涯规划与就业指导. 北京：机械工业出版社,2019.
[4] 刘畅. 大学生就业指导. 北京：化学工业出版社,2020.
[5] 李俊琦. 职业素质与就业能力. 北京：清华大学出版社,2009.
[6] 胡振坤,黄兆文. 大学生就业指导. 天津：南开大学出版社,2013.
[7] 于伟丽. 大学生职业生涯规划与就业指导. 北京：中国传媒大学出版社,2018.
[8] 丁木金. 新编大学生职业生涯规划. 天津：南开大学出版社,2018.
[9] 仲伟勇. 大学生职业生涯规划与就业创业指导. 上海：上海交通大学出版社,2017.
[10] 刘鑫,宋宇翔,门奎英. 大学生就业指导. 成都：电子科技大学出版社,2020.